DAVID JORDAN & ANDREW WIEST

SEGUNDA GUERRA MUNDIAL

Os fatos que definiram os rumos políticos e econômicos do mundo atual

VOLUME II

Título original: Atlas of World War II
Copyright © Amber Books Ltd., 2003
Copyright © Editora Escala Ltd., 2008
Copyright © Editora Lafonte Ltda., 2022

Todos os direitos reservados.
Nenhuma parte deste livro pode ser reproduzida sob quaisquer meios existentes sem autorização por escrito dos editores.

Edição Brasileira

Direção Editorial	*Sandro Aloísio*
Tradução	*Tatiana Napoli*
Revisão	*Ciro Mioranza e Suely Furukawa*
Diagramação	*Jéssica Diniz*
Capa	*Alessandro Ziegler sobre Markoff / Adobe Stock*
Produção Gráfica	*Giliard Andrade*

Dados Internacionais de Catalogação na Publicação (CIP)
(Câmara Brasileira do Livro, SP, Brasil)

Jordan, David
  Segunda Guerra Mundial : os fatos que definiram os rumos políticos e econômicos do mundo atual : volume 1 / David Jordan, Andrew Wiest ; tradução Tatiana Napoli. -- São Paulo : Lafonte, 2022.

  Título original: Atlas of World War II
  ISBN 978-65-5870-260-3

  1. Geografia histórica - Mapas 2. Guerra Mundial, 1942-1945 - Cronologia 3. Guerra Mundial, 1939-1945 - História I. Wiest, Andrew. II. Título.

22-107320   CDD-940.54

Índices para catálogo sistemático:

1. Guerra Mundial : 1941-1945 : Cronologia :
     História   940.54

Maria Alice Ferreira - Bibliotecária - CRB-8/7964

Editora Lafonte

Av. Profª Ida Kolb, 551, Casa Verde, CEP 02518-000, São Paulo-SP, Brasil – Tel.: (+55) 11 3855-2100
Atendimento ao leitor (+55) 11 3855-2216 / 11 3855-2213 – atendimento@editoralafonte.com.br
Venda de livros avulsos (+55) 11 3855-2216 – vendas@editoralafonte.com.br
Venda de livros no atacado (+55) 11 3855-2275 – atacado@escala.com.br

SEGUNDA GUERRA MUNDIAL

OS FATOS QUE DEFINIRAM OS RUMOS POLÍTICOS E ECONÔMICOS DO MUNDO ATUAL

VOLUME II

DAVID JORDAN e ANDREW WIEST

TRADUÇÃO: TATIANA NAPOLI

Lafonte
2022

LISTA DE MAPAS

Visão global 9	Avanço para Manila 59	China 96
Suserano 10	Avanço para Manila 60	Arakan 99
Duas frentes 14	Queda do império holandês 62	Índia 100
Invasão 16	Reviravolta 66	Nova ofensiva 103
Falaise 19	Mar Coral 68	As ilhas Marianas 104
Paris 20	Catástrofe japonesa 68	Apertando o laço 106
Dragoon 21	Guadalcanal 71	Nova ofensiva 108
Bruxelas 22	Luta amarga 72	Reconquista 113
Mercado Jardim 24	Batalhas principais 73	Vitória em Burma 115
A ponte longe demais 26	Nova Guiné 77	Iwo Jima 117
Pousos em Arnhem 29	Nova Bretanha 78	Okinawa 118
Ardennes 30	Ilhas Aleutas 81	Império enfraquecido 119
Indo para o Reno 35	Os Chindits 83	Guerra aérea 120
Fim de jogo 37	Estratégia 84	Manchúria 123
Pearl Harbor 42	Ataques aéreos 86	Operações contra o Japão .. 125
Progresso rápido 46	Tarawa sangrenta 88	Mobilização 132
Desastre inglês 51	Marinha mercante 91	As Nações Unidas 134
Ataques no Índico 52	Tiro ao pato 94	Nova Carta de Direitos 136
Rumo a Burma 57	Fuga 95	Mortes globais 139

GUIA DE SÍMBOLOS DOS MAPAS

XXXXX — GRUPO DE EXÉRCITO	XX — DIVISÃO DE EXÉRCITO	III — REGIMENTO
XXXX — EXÉRCITO	DIVISÃO AÉREA	II — COMPANHIA
XXX — CORPORAÇÕES	DIVISÃO ARMADA	I — PELOTÃO

II — ARTILHARIA	II — ANTITANQUE	II — INFANTARIA MECANIZADA
II — ENGENHARIA	II — COMUNICAÇÃO	II — NAVAL

SUMÁRIO

A FRENTE OCIDENTAL — 7

A GUERRA NO PACÍFICO — 41

AS CONSEQUÊNCIAS — 131

Acima: uma coluna de tanques norte-americanos no sul da França. Os americanos foram rápidos em transferir tropas e equipamentos da batalha na Itália — que tinha se tornado secundária, na visão deles — para o esforço principal contra a Alemanha. Os pousos no sul da França em agosto de 1944 eram conhecidos como "Operação Dragoon", já que Winston Churchill, o primeiro-ministro inglês, gostava de dizer que tinha sido coagido (a palavra "dragoon" em inglês também significa "coagir") a aceitar em seguir com o plano, quando na realidade teria preferido mover suas tropas para a Grécia ou para os Bálcás.

A Frente Ocidental

Em 6 de junho de 1944, forças norte-americanas, inglesas e canadenses pousaram nas praias da Normandia, iniciando uma segunda frente de batalha no noroeste da Europa. Depois de alguns meses de luta ferrenha, o caminho para Berlim foi aberto, mas a logística dos Aliados e a resistência determinada dos alemães impediram que a guerra terminasse em 1944. O inverno prolongou a guerra, e apenas em maio de 1945 as hostilidades finalmente cessaram.

A Frente Ocidental da II Guerra Mundial era uma construção muito mais complexa do que havia sido sua versão entre 1914 e 1918. Enquanto a Frente Ocidental da I Guerra Mundial era claramente definida, com os soldados de lados opostos enfrentando-se na França e na Bélgica do primeiro ao ultimo dia do conflito, seu perfil na II Guerra Mundial era bastante diferente. Não houve grandes confrontos no terreno ao noroeste da Europa por mais de três anos. A primeira fase da guerra no Ocidente tinha sido marcada por pouca atividade: a chamada "Guerra de Mentirinha". Tropas inglesas e francesas passaram o tempo todo treinando. Isso tudo mudou em fevereiro de 1940, quando Hitler ordenou que se traçassem planos de invasão à Noruega, para que a Alemanha tivesse acesso a minérios e ferro. Em abril de 1940, os alemães invadiram a Dinamarca e a Noruega. Enquanto a Dinamarca caiu quase imediatamente, França e Inglaterra enviaram tropas para ajudar os noruegueses. Os Aliados tiveram algum sucesso, mas no início do maio a maioria de seus soldados foi forçada a se retirar.

As prioridades anglo-francesas foram dramaticamente alteradas pela invasão alemã aos Países Baixos em 10 de maio de 1940. A Holanda, uma nação que não entrava em guerra desde 1830, foi invadida e levada à rendição em quatro dias, depois de um enorme bombardeio da Luftwaffe em Roterdã. O exército belga lutou com grande coragem e vigor, mas acabou prejudicado pelo fato que, embora a França e a Inglaterra desejassem enviar ajuda, foram impedidas de entrar na Bélgica, que desejava permanecer neutra.

Os soldados ingleses e franceses alcançaram o rio Dyle e começaram a ajudar na defesa, mas os alemães conseguiram flanqueá-los da Holanda, forçando os Aliados a recuar. A Bélgica se rendeu em 28 de maio, e os ingleses e franceses regressaram ao litoral. A maioria das tropas inglesas chegou a Dunkirk, e, num erro de julgamento, Hitler interrompeu a perseguição dos tanques panzers por tempo suficiente para permitir que os ingleses se retirassem. Dunkirk acabou sendo um sucesso (mesmo que tenha representado uma derrota para os Aliados), pois mais de 335.000 soldados ingleses e franceses foram evacuados a salvo.

INGLATERRA ISOLADA

Nessa altura, com a rendição da França, a linha de frente da guerra no Ocidente tinha recuado até a costa sul da Inglaterra. Ao contrário dos conflitos anteriores, a frente da batalha mudou da terra para o ar. O sucesso da Força Aérea Real (Royal Air Force — RAF) na Batalha da Inglaterra em 1940 impediu a invasão alemã. Com a invasão da União Soviética em junho de 1941, a campanha no Ocidente permaneceu a única conduzida pelo ar, com os ataques dos comandos de bombardeiros ingleses contra a Alemanha. Esses ataques fizeram o papel de uma "segunda frente de batalha", no sentido de continuar a combater o inimigo, já que estava claro que as forças inglesas não conseguiriam voltar para a Europa tão cedo. A entrada dos Estados Unidos na guerra tornou possível uma invasão por terra, mas isso levaria tempo.

Os Aliados realizaram algumas incursões em terras francesas, com ataques a alvos como St. Nazaire e Bruneval, o que ajudou a aumentar o ânimo dos civis, além do desastre canadense em Dieppe, de onde se tiraram importantes lições para a mis-

VISÃO GLOBAL

A extensão geográfica da II Guerra Mundial foi grandiosa. Quase toda a parte do globo teve um papel na estratégia geral, com as rotas marítimas entre Estados Unidos e Inglaterra tendo particular importância. Os Aliados concordavam que a Alemanha deveria ser a principal prioridade, mas a guerra no Pacífico não podia ser ignorada nos planos norte-americanos.

Os Estados Unidos eram o centro da estratégia global por conta de sua fenomenal força industrial, que permitia que o país conduzisse a guerra tanto no Pacífico quanto na Europa Ocidental. Ainda que a indústria soviética fosse, em muitos aspectos, mais prolífica na produção militar, mesmo o Exército Vermelho dependia da produção norte-americana para caminhões e jipes. Enquanto os russos infligiam revezes cada vez mais pesados nos alemães, a invasão anglo-americana da Europa se tornou o foco principal da estratégia. Quando a grande ameaça da Alemanha de Hitler estava liquidada, o Japão enfrentaria o poder total da máquina de guerra norte-americana, que culminou na sua derrota em agosto de 1945.

A FRENTE OCIDENTAL

são na Normandia, que sem dúvida ajudaram a salvar vidas em longo prazo. Mas esses ataques nunca tiveram a intenção de conseguir posições fortes permanentes em terra, e a frente da batalha permaneceu no Canal da Mancha.

Tudo isso mudou com a invasão da França em junho de 1944 — e o conceito mais tradicional de "frente" voltou a ser aplicado à batalha, com as forças anglo-americanas (e seus aliados) fazendo os alemães recuarem até a derrota final em 1945.

ESTRATÉGIA GLOBAL

A II Guerra Mundial não pode ser considerada um conflito realmente global até meados de 1941. Embora os Estados Unidos não estivessem em combate quando a Alemanha invadiu a Rússia, seu papel na Batalha do Atlântico impossibilitava que o país se proclamasse neutro. O sistema de empréstimo com o Reino Unido, além das ações das patrulhas da marinha norte-americana, que cobriam todo o território procurando e atacando os submarinos U-boats (permitindo que navios a caminho da Inglaterra pudessem navegar apesar do perigo), faziam Hitler considerar que, apesar da falta de declaração oficial, os Estados Unidos estavam em guerra com a Alemanha.

Quando os japoneses atacaram Pearl Harbor, Hitler resolveu o dilema do presidente norte-americano Franklin Roosevelt sobre se os EUA deveriam ou não declarar guerra à Alemanha ao afirmar que seu país estava em guerra com os Estados Unidos. O acordo entre EUA e Inglaterra de priorizar a derrota da Alemanha fez com que a Batalha do Atlântico se intensificasse, com reforços de soldados e equipamentos dos EUA para a Inglaterra, ao mesmo tempo em que a guerra no norte da África e no Mediterrâneo caminhava para uma conclusão bem-sucedida: as forças alemãs na Tunísia se renderam em 1943, e a Itália foi invadida no mesmo ano.

A pressão do líder soviético Stalin por uma segunda frente de batalha apressou o planejamento da invasão da Europa e, em maio de 1943, ficou decidido que a operação aconteceria em 1944.

SUSERANO

A preparação para a Operação Suserano transformou a maior parte do sul da Inglaterra em um gigante campo de treinamento militar: 1.500.000 soldados americanos estavam baseados na Inglaterra em maio de 1944, com 50.000 tanques. Cerca de 1.750.000 soldados ingleses e muitas outras centenas de milhares soldados do império inglês e de seus domínios, além de homens de países sob ocupação, formariam os exércitos invasores. Outros 1.000.000 soldados ainda estavam nos Estados Unidos e seriam transportados quando a invasão conseguisse capturar um porto francês apropriado. O plano incluía um ataque aéreo para proteger os flancos da área de aterrissagens. Três divisões desembarcariam nas praias no primeiro dia, com forças adicionais seguindo em seu encalço. Uma vez que uma posição segura estivesse estabelecida, Caen, comuna francesa na região administrativa da Baixa-Normandia, seria tomada; ao mesmo tempo, as forças inglesas segurariam as forças alemãs, e as unidades norte-americanas invadiriam a França. Depois que Eisenhower foi nomeado o Comandante Supremo das Forças Aliadas, o COSSAC (estado-maior organizado pelos Aliados para planejar a invasão da Europa) foi amalgamado ao Quartel-general Supremo da Força Expedicionária (Supreme Headquarters Allied Expeditionary Force — SHAEF). O Marechal-de-campo Montgomery recebeu a tarefa de comandar as forças da invasão e fez vários refinamentos ao plano. Em vez de três divisões, Montgomery aumentou o contingente para cinco divisões, sendo três inglesas e canadenses e duas americanas.

Enquanto a invasão da Europa era planejada, as operações norte-americanas no Pacífico começaram, em um longo processo de avançar de ilha por ilha até o Japão.

O PLANO DO COSSAC

A conferência anglo-americana em Casablanca em janeiro de 1943 determinou as prioridades para as operações futuras, incluindo um acordo de que a rendição incondicional da Alemanha era o objetivo Aliado. Para atingir isso, estava claro que seria necessário invadir a Europa Ocidental. Os norte-americanos planejavam esse passo praticamente desde que entraram na guerra, e os esquemas iniciais para uma invasão ainda em 1942 geraram considerável surpresa nos ingleses. O desastroso ataque em Dieppe em agosto de 1943 convenceu os americanos de que era preciso atrasar a abertura de uma segunda frente de batalha, mas seu plano — Operação Round Up — permaneceu como base para o início da ação.

Para conseguir reunir as forças necessárias para viabilizar a Round Up a tempo, o primeiro-ministro inglês Winston Churchill e o presidente Roosevelt concordaram

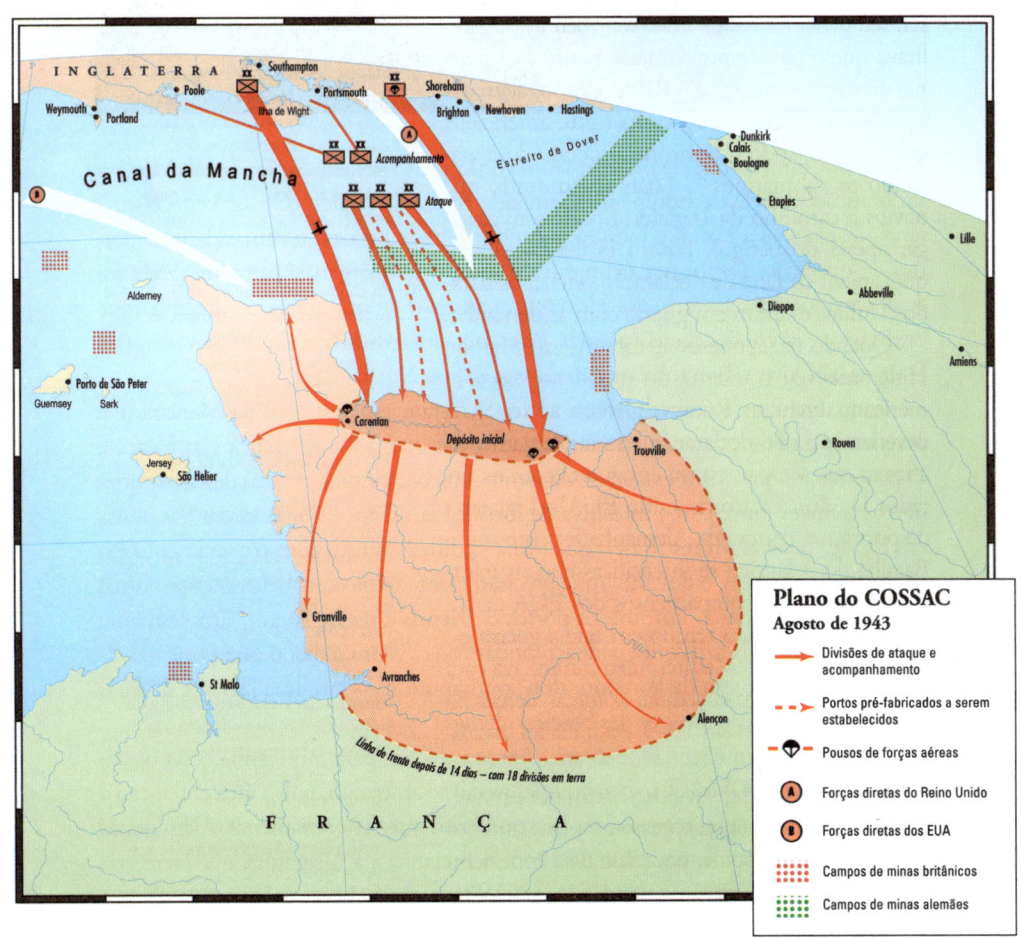

A FRENTE OCIDENTAL

Abaixo: mapa usado no planejamento do Dia D para mostrar a rota das frotas de navios que carregavam e escoltavam os exércitos Aliados pelo Canal da Mancha até as praias da Normandia. Cada rota tinha que ser vasculhada em segredo por minas alemãs, com navios de guerra posicionados dos dois lados do comboio para impedir ataques de submarinos ou aeronaves nazistas. Abrigos artificiais também eram levados com os comboios para protegê-los das tempestades do Canal da Mancha.

em montar uma equipe de planejamento conjunta. O general Sir Frederick Morgan foi nomeado Chefe de Equipe do Comando Supremo Aliado (Cossac) e recebeu a tarefa de planejar a invasão, mesmo que ainda faltasse nomear o comandante supremo da operação. Depois da definição da equipe de Morgan, a primeira tarefa foi escolher o local para a invasão. Havia um consenso de que a área de desembarque precisava ser em praias claras e abertas, e a escolha foi reduzida entre Pas de Calais (no Estreito de Dover), Bretanha (região da França) ou Normandia.

Enquanto Pas de Calais oferecia a menor distância pelo Canal da Mancha (e a mais curta da França para a Alemanha), vários fatores pesaram contra essa locação. O primeiro foi que a área era tão obviamente uma boa escolha para os desembarques que os alemães tomariam a iniciativa de fortificá-la. Além disso, as saídas das praias em Pas de Calais eram restritas, o que tornaria difícil avançar com o armamento e o equipamento pesado: o desembarque precisaria ser feito na costa belga ou nos portos estatuários do rio Sena. Por fim, os portos de Kentish, na Inglaterra, simplesmente não eram grandes o suficiente para acomodar todas as unidades, o que obrigaria alguns barcos a seguirem de Portsmouth e Southampton — em uma jornada de mais de 160 km dentro do alcance das baterias alemãs.

Pas de Calais foi rejeitado, e as atenções se voltaram para a Bretanha. Essa opção era apoiada pelo COSSAC, mas as equipes navais se opuseram, pois a área era sujeita a tempestades violentas e imprevisíveis que poderiam interferir seriamente. Além dessas preocupações, fatores como a distância entre a Bretanha e a Alemanha, que ofereceria um desafio para a logística Aliada, e a dificuldade em fornecer cobertura aérea por todo o caminho desde o Reino Unido conspiraram para fazer com que o COSSAC recomendasse a Normandia, o que foi confirmado em junho de 1943. Em resposta a pedidos de Stalin, a data da invasão foi determinada para maio de 1944.

NORMANDIA

Depois de um cancelamento por causa do tempo ruim no Canal da Mancha em 5 de junho, a Operação Suserano começou em 6 de junho de 1944. Os ataques aéreos registraram alguns problemas. Os desembarques dos aviões-planadores foram bem-sucedidos, mas os paraquedistas acabaram caindo em locações muito diversas e foi preciso bastante tempo até que eles conseguissem se agrupar em suas unidades. O desembarque das tropas dos navios Sword, Juno e Gold (formações inglesas e canadenses) e Omaha e Utah (com os norte-americanos) ocorreu nas praias. As forças da invasão desembarcaram sem dificuldades em quatro praias, mas em Omaha foi diferente. O apoio armado para os soldados que desembarcavam ficou longe demais da praia, e a maioria dos tanques foi inundada. A ação pesada da resistência alemã fez com que em alguns momentos do dia 6 de junho parecesse que Omaha teria que ser abandonada. Mas, quando a noite chegou, a crise já tinha passado, e Omaha, assim como as outras praias, estava tomada — mas foram registradas cerca de 3.000 mortes na área, o maior índice do dia.

Já na praia, os Aliados se concentraram em tornar suas posições absolutamente seguras. Em 10 de junho, as cinco áreas de desembarque estavam consolidadas em um único alojamento, e os norte-americanos avançavam na direção de Cherbourg. As tentativas inglesas de tomar Caen encontraram pesada resistência, e três ataques separados contra a cidade falharam. Mas esses esforços fizeram as forças alemãs se concentrarem nos ingleses, o que deu aos americanos a chance de fortalecer suas forças e atacar quando prontos.

PLANO DE INVASÃO

Em 18 de junho de 1944, o Marechal-de-campo Montgomery lançou uma diretiva pedindo a conquista de Caen pelos ingleses e de Cherbourg pelos norte-americanos em cinco dias. Mas o tempo ruim atrasou as operações, e os americanos não conseguiram conquistar Caen até 27 de junho. Já a tentativa inglesa de tomar Caen foi frustrada pela resistência alemã, mas pelo menos conseguiu trazer mais duas divisões armadas do inimigo para a defesa da cidade, impedindo que elas se reorganizassem contra as ameaças nos outros locais.

Ao fim de junho, mais de 875.000 soldados tinham desembarcado na Normandia, mas reinava a preocupação entre os comandantes por causa da lentidão do progresso da operação. No início de julho, as forças da invasão não tinham avançado mais de 24 km dentro do país, o que representava apenas um quinto do terreno previsto para ser conquistado naquela altura no plano original.

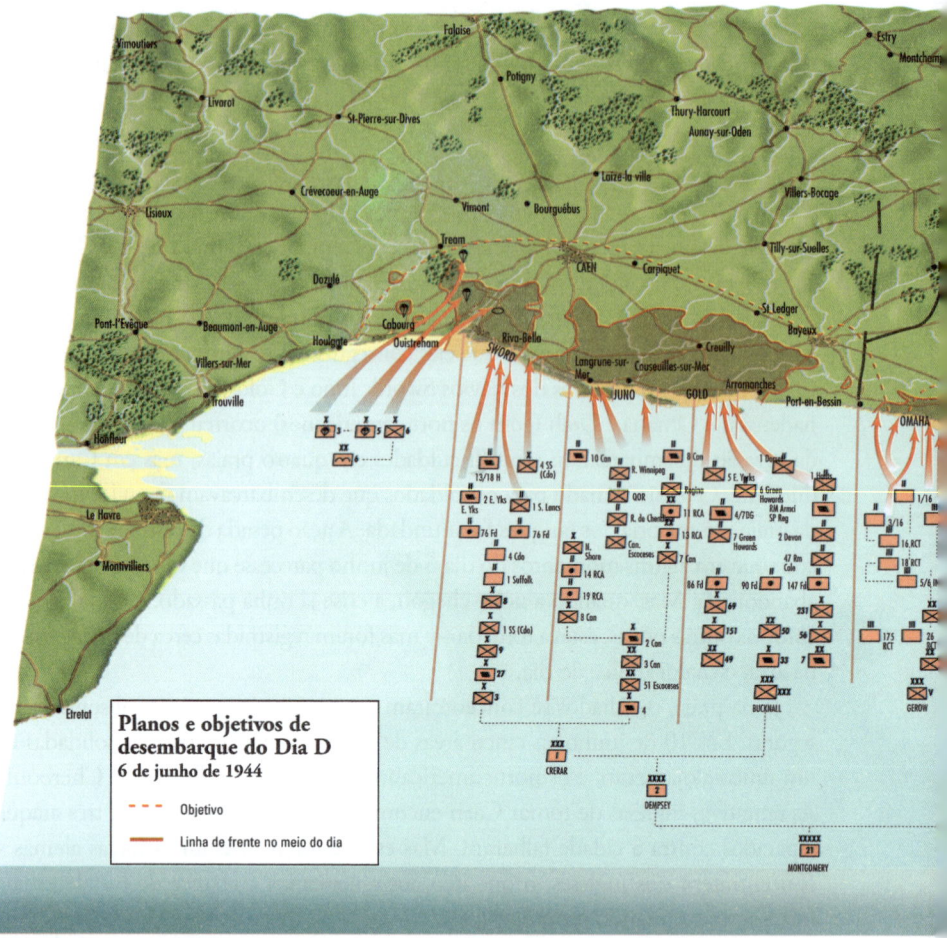

DUAS FRENTES

Quando o Dia D começou, em 6 de junho de 1944, Hitler ainda controlava grandes porções da Europa. Sua única esperança de evitar a derrota completa era conseguir uma paz separada com os Aliados do Ocidente que permitisse que ele segurasse o avanço do Exército Vermelho. Hitler pode ter tido esperanças para tanto, mas a chance de os Aliados abandonarem o objetivo de forçar a Alemanha a uma rendição incondicional era extremamente remota.

Quando uma posição segura foi estabelecida na Normandia, a libertação da Europa Ocidental pôde começar. O peso da pressão Aliada no oeste, na Itália e na Frente Ocidental impossibilitou que os alemães tivessem tempo e espaço para operar com eficiência. A crescente falta de capacidade de Hitler de encarar a realidade da sua situação fez com que seus soldados fossem sacrificados em tentativas de defender posições insustentáveis, levando a rompantes fantasiosos como a Ofensiva de Ardennes, que jamais conseguiria atingir seus objetivos — era discutível se a perda da Antuérpia forçaria os Aliados a buscar a paz.

Como resultado, em setembro de 1944 os alemães tinham sido removidos da União Soviética, França, Bélgica e da maior parte da Itália. Embora a guerra ainda fosse prosseguir por mais oito meses, já não havia dúvidas sobre seu resultado. A pressão crescente de todos os lados tornava uma questão de 'quando', e não de 'se', a Alemanha seria invadida, derrotada e ocupada.

O medo de ter entrado em um beco sem saída crescia e, na segunda semana de julho, Montgomery parecia ser o único comandante otimista. Em 10 de julho, ele deu instruções para a saída da Normandia. O 1º Exército dos EUA, sob o comando do general Omar Bradley, atacaria na direção de Avranches; em seguida, as linhas de frente do 3º Exército dos EUA (VIII Corporação) invadiriam a Bretanha. Para dar assistência, o 2º Exército inglês, do general Sir Miles Dempsey, atacaria pelo campo aberto a leste de Caen.

Dempsey deveria começar seu ataque, a Operação Goodwood, em 18 de julho, com a ofensiva de Bradley, Operação Cobra, tendo início no dia seguinte. Até que St-Lô fosse conquistada, no entanto, era impossível que Bradley começasse sua ação, e isso só foi conseguido na manhã de 19 de julho, atrasando a Operação Cobra até o dia 24 de julho.

INVASÃO

Em julho de 1944, o planejamento para a invasão Aliada na Normandia era marcado por considerável dúvida e controvérsia, pois os alemães pareciam capazes de frustrar todas as tentativas de avanço dos Aliados. O progresso tinha sido lento, o terreno favorecia os defensores, e as forças inglesas e canadenses tinham encontrado considerável oposição na tentativa de tomar Caen.

Mesmo assim, ainda que o atraso no setor britânico fosse um empecilho, ele serviu para impedir que os alemães reforçassem o setor norte-americano.

A Operação Cobra, a tentativa americana de invasão, começaria em circunstâncias desfavoráveis e, na tarde de 25 de julho, Eisenhower temia que a ofensiva falhasse. Mas o VII Corpo de Exército do general Joe 'Relâmpago' Collins rompeu as linhas alemãs e continuou a avançar, encontrando oposição relativamente leve. Depois de 50 dias de luta, os americanos completaram a invasão. Em 30 de julho, eles entraram na Bretanha.

O recém-chegado 3º Grupo de Exército, sob o comando do general George S. Patton, seguiu pelo intervalo criado em Avranches e começou uma rápida exploração do campo de batalha. As formações de Patton dilaceraram retaguarda dos alemães e, em 6 de agosto de 1944, a tomada da Normandia estava completa.

Na tarde de 19 de julho, quando parecia que a vitória seria completa, os membros armados da Operação Goodwood cruzaram com resistência pesada e foram interrompidos perto das montanhas Bourgébus. A chuva forte em 20 de julho paralisou o ataque totalmente. Tudo indicava que Goodwood falharia. Mas, na verdade, o objetivo de Montgomery de atrair as forças armadas alemãs tinha dado certo. Treze divisões alemãs agora enfrentavam os ingleses, enquanto nove iam contra os americanos — e apenas duas dessas divisões detinham artilharia pesada.

A Operação Cobra não começou bem: os bombardeiros enviados para destruir as posições inimigas lançaram suas bombas cedo demais e acabaram atingindo soldados americanos. Mas a ação destruiu mais de 60% da divisão Panzer Lehr e, no fim do primeiro dia, as forças americanas já tinham avançado 3.600 metros. O avanço

continuou até 27 de julho, quando a 2ª Divisão Armada entrou em campo aberto: a invasão tinha sido bem-sucedida.

Nesse ponto, ficou claro que os alemães estavam correndo o risco de acabarem cercados. Em 3 de agosto, Hitler ordenou um ataque armado contra as forças do general George S. Patton na cidade de Mortain. O plano de Hitler parecia simples — quatro divisões armadas atacariam pela base da Península de Cotentin para Avranches, dividindo as forças de Patton em duas. A ação forçaria imediatamente a interrupção no avanço.

Mas o plano desconsiderou completamente o poder aéreo dos Aliados. Os generais alemães ficaram horrorizados com a ideia de Hitler, porque sabiam o que um ataque aéreo poderia fazer com suas forças — o comandante da 116ª Divisão Panzer foi demitido quando se negou a deixar seus soldados participarem da ação.

O ataque, que começou em 6 de agosto, tomou Mortain, mas não conseguiu garantir os campos elevados no leste da cidade. Assim que a madrugada do dia 7 de agosto caiu, os caças americanos e ingleses começaram ataques aéreos contra as formações alemãs. O ataque alemão a Mortain fracassou, e os Aliados agora tinham a chance de cercar e destruir os nazistas na Normandia. Isso poderia ser alcançado de duas formas: ou encurralando as forças na área de Argentan-Falaise ou realizando uma ação maior ao longo da linha do rio Sena. A primeira opção foi a escolhida, pois a derrota em Mortain forçou os alemães a recuarem, abrindo um bolsão que já se formava quando as forças americanas seguiram para Argentan e o 1º Exército Canadense atacava na direção de Falaise.

Hitler inicialmente se recusou a permitir que suas tropas se retirassem, mas o Marechal-de-campo von Kluge ignorou essas instruções e começou o recuo. Ainda assim, já era tarde demais para os alemães, pois o cerco se fechava rapidamente. As primeiras tentativas de atingir Falaise, como parte da Operação Totalizar, falharam, mas a necessidade de chegar à cidade levou à Operação Tratável logo em seguida. O avanço foi lento e, em 15 de agosto, os canadenses entraram na cidade, uma semana depois do começo da ofensiva.

Os alemães conduziram uma retirada organizada da região enquanto os caminhos permaneciam abertos, e cerca de 40.000 soldados conseguiram escapar. Quando o bolsão foi cercado, em 20 de agosto, as forças francesas seguiram em frente para retomar Paris.

FALAISE E A LIBERTAÇÃO DE PARIS

No dia anterior à conclusão do cerco ao bolsão de Falaise, um levante começou em Paris, com os moradores encorajados pelos sons da batalha que se aproximava. Eisenhower não estava ansioso para avançar para Paris, pois a cidade não tinha importância militar, mas a pressão do general de Gaulle e o perigo de que a cidade fosse dominada pelos comunistas do *Resistance* fizeram o presidente dos EUA mudar de ideia. Stalin tinha sido severamente criticado por permitir que a rebelião de Varsóvia

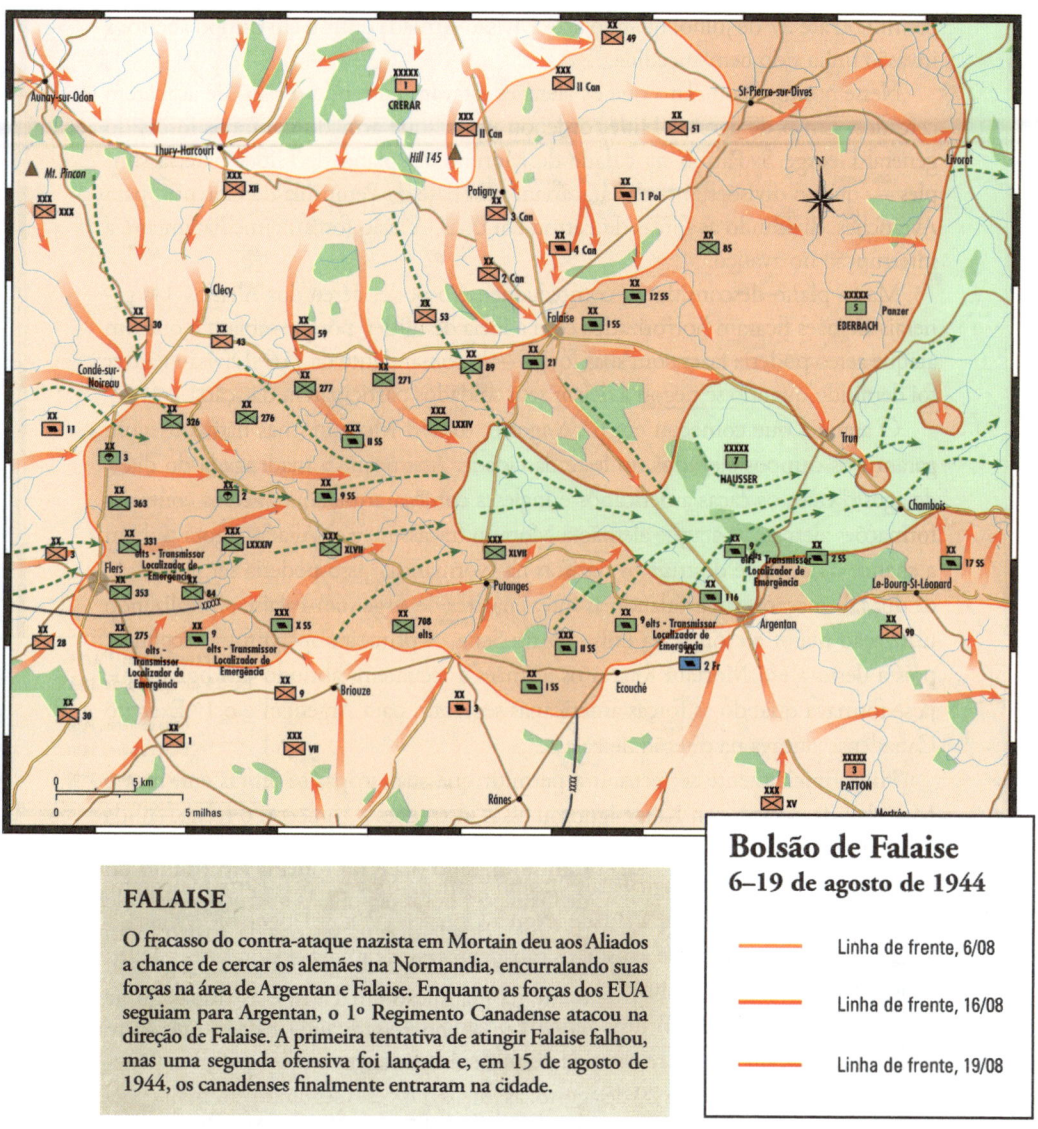

FALAISE

O fracasso do contra-ataque nazista em Mortain deu aos Aliados a chance de cercar os alemães na Normandia, encurralando suas forças na área de Argentan e Falaise. Enquanto as forças dos EUA seguiam para Argentan, o 1º Regimento Canadense atacou na direção de Falaise. A primeira tentativa de atingir Falaise falhou, mas uma segunda ofensiva foi lançada e, em 15 de agosto de 1944, os canadenses finalmente entraram na cidade.

Bolsão de Falaise
6–19 de agosto de 1944

— Linha de frente, 6/08
— Linha de frente, 16/08
— Linha de frente, 19/08

fosse esmagada pelos alemães apenas algumas semanas antes, e Eisenhower não apreciava a ideia de ganhar uma reputação similar.

As forças seguiram para a capital, sob o comando da 2ª Divisão Armada do general Philippe Leclerc, que já tinha tentado fazer um reconhecimento do território na direção da cidade. Um pouco atrás de Leclerc estava a 4ª Divisão dos EUA.

As primeiras tropas francesas entraram em Paris na tarde de 24 de agosto de 1944, com o resto da 2ª Divisão Armada acompanhando na manhã seguinte. Paris

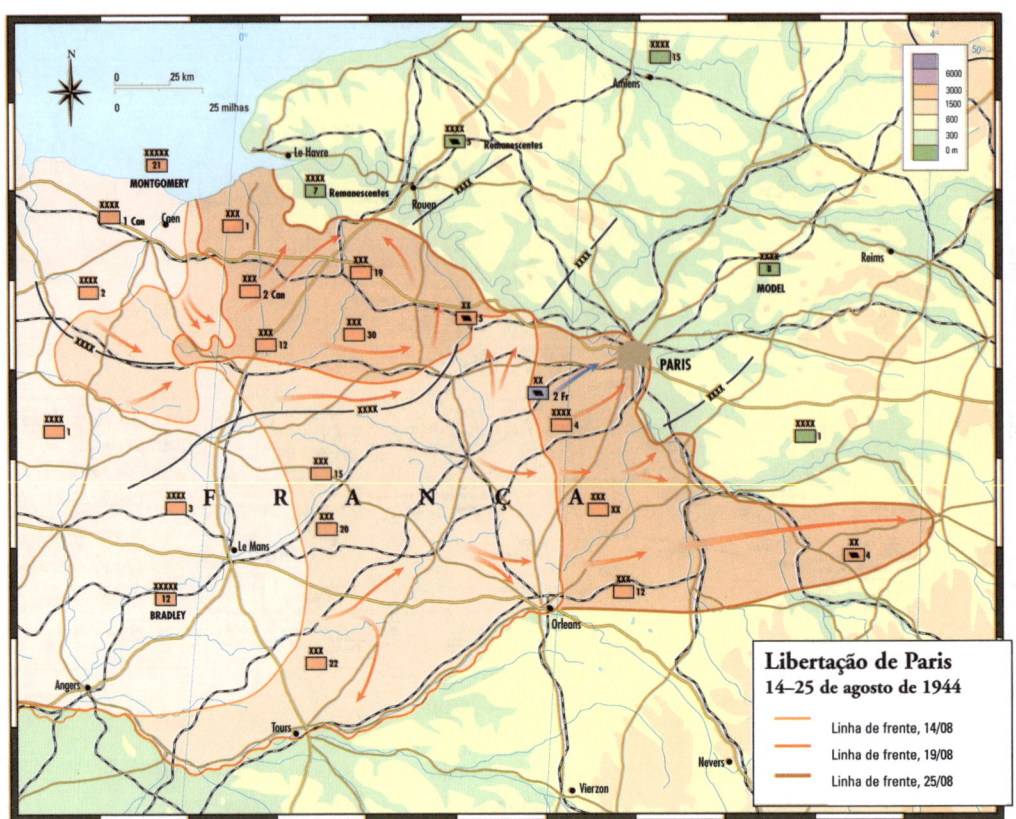

Libertação de Paris
14–25 de agosto de 1944

Linha de frente, 14/08
Linha de frente, 19/08
Linha de frente, 25/08

PARIS

Os alemães conduziram uma retirada consideravelmente organizada do bolsão de Falaise enquanto os caminhos permaneceram abertos — por volta de 40.000 homens escaparam. Quando o cerco foi fechado, as forças francesas seguiram para retomar Paris, que agora estava sob revoltas. As instruções de Hitler de que a cidade deveria ser trazida abaixo foram ignoradas, e as tropas do general Leclerc libertaram uma cidade que estava substancialmente intacta, mesmo depois de vários dias de batalha.

caiu no mesmo dia e foi tomada em triunfo por de Gaulle 24 horas depois. As instruções de Hitler de que a cidade deveria ser trazida abaixo foram ignoradas por Dietrich von Choltitz, o comandante da guarnição em Paris, e as tropas do general Leclerc libertaram uma cidade que estava substancialmente intacta.

SUL DA FRANÇA E AVANÇO EM SETEMBRO DE 1944

O plano inicial para a Operação Suserano pedia a invasão do sul da França, com o objetivo de confrontar os alemães, que desembarcavam em duas partes separadas do país. Embora o plano tenha sido endossado na conferência de Tehran, nenhuma data foi estabelecida para a operação (que recebeu o codinome de Anvil), pois era impossível

Invasão do sul da França
Agosto de 1944

— Linha de frente Aliada
← Ataques Aliados
→ Contra-ataques alemães
⌒ Resistência alemã
←-- Retirada alemã

disponibilizar navios o suficiente para prosseguir com o plano simultaneamente aos desembarques na Normandia. Eisenhower assegurou no acordo que a ação aconteceria depois dos desembarques da Operação Suserano. Mas, em 11 de junho, Churchill estava pressionando para os desembarques na França serem abandonados a favor do avanço para os Bálcãs.

A sugestão foi rejeitada por Roosevelt, que disse para Churchill que um avanço para os Bálcãs seria extremamente impopular nos Estados Unidos. Como era ano de eleições, Churchill obviamente não teria sucesso, mas ele continuou a tentar convencer Eisenhower a mudar os planos — sem conseguir resultados. Churchill brincou que, como ele tinha sido forçado a aceitar a situação, a operação deveria ser rebatizada como 'Dragoon' (um trocadilho com a palavra "dragoon" em inglês, que se refere tanto ao nome dado, durante o século XVII e no início do século XVIII, ao soldado que treinava para lutar em terra, mas se movia a cavalo, quanto ao verbo "coagir", já que

DRAGOON

A Operação Anvil-Dragoon foi conduzida mais pela necessidade política de garantir que uma autoridade reconhecida fosse restabelecida no sul da França (impedindo que os membros comunistas da *Resistance* organizassem uma administração) do que por requisitos militares.
A invasão em si foi um esforço fransaamericano, com pouco envolvimento inglês. Cerca de 94.000 soldados embarcaram de Nápoles para formar a leva marítima da invasão e conseguiram desembarcar sem muita oposição. Os alemães resistiram pouco e logo receberam ordens de se retirar para o norte, para defender a própria Alemanha.

A FRENTE OCIDENTAL 21

Churchill tinha sido coagido a concordar). A equipe de planejamento não conseguiu enxergar a ironia da sugestão e começou realmente a se referir à operação como Anvil-Dragoon.

Em 10 de agosto, a frota de invasão passou a se reunir em vários portos do Mediterrâneo, e o ataque no sul da França começou com os primeiros desembarques na noite de 14 de agosto. Em seguida, vieram as tropas por avião, com o objetivo de tomar a intersecção vital em Le Muy. Alguns paraquedistas caíram fora da zona prevista para desembarque, bem em cima da sede do LXII Corpo de Exército. Eles aproveitaram a oportunidade para atacar a sede e impedir que a Corporação levasse suas defesas para lutar nas praias. Le Muy caiu no dia seguinte.

Os desembarques principais aconteceram às 05h15min do dia 15 de agosto e progrediram bem. Em 17 de agosto, o Alto Comando alemão deu ordens para o abandono do sul da França (exceto os portos), e as forças começaram a se retirar.

BRUXELAS

Depois da libertação de Paris, o avanço Aliado parecia inevitável, com as tropas alemãs exaustas da luta contínua e incapazes de estabelecer linhas defensivas.

Os alemães foram obrigados a recuar na direção da Bélgica e da fronteira da Alemanha. O litoral de Calais e de Dunkirk permaneceu nas mãos dos nazistas, mas os Aliados já tinham conquistado Bruxelas e a Antuérpia no início de setembro e controlavam a maior parte da França. Os Aliados então pararam para se reagrupar para o ataque final à Alemanha.

O avanço franco-americano prosseguiu sem maiores agravantes; Marselha se rendeu em 28 de agosto, e o batalhão de frente do VI Corpo de Exército do general Lucian K. Truscott entrou em Lyons em 3 de setembro. Quando Truscott chegou a Lyons, as forças Aliadas no norte conduziam uma exploração rápida depois da invasão.

Montgomery lançou a Operação Kitten, o avanço para o rio Sena, em 16 de agosto, forçando os alemães a conduzir uma retirada habilidosa pelo rio. Os alemães continuaram a recuar, indo para a fronteira entre Bélgica e Alemanha, com os Aliados em seu encalço. Durante os primeiros dias de setembro, os Aliados começaram a forçar sua logística e foram obrigados a parar na linha do rio Mosa até Maastricht, e no sul na linha de Aachen até a fronteira suíça.

Enquanto a próxima fase das operações era planejada, as forças de Truscott se uniram às de Patton em 11 de setembro, encurralando 20.000 homens da retaguarda alemã, que se renderam. A operação no sul da França complicou os problemas de logística, pois os recursos tinham que ser desviados das forças Aliadas no norte. Mas a Operação Anvil-Dragoon pelo menos foi bem-sucedida em garantir a estabilidade no sul do país, que era uma das principais preocupações dos americanos.

O PLANO OUSADO DE MONTGOMERY

A solução de Montgomery para retomar o avanço Aliado foi propor uma ousada operação aérea destinada a conquistar a posição no rio Reno e impedir que os alemães tivessem espaço para lançar mísseis V2. O plano era levar por avião cerca de 30.000 soldados ingleses e alemães para as posições-chave do rio, enquanto o XXX Corpo de Exército do general Sir Brian Horrocks atacaria ao norte pela região da Holanda ao longo do corredor de 100 km criado pelos desembarques.

Abaixo: ingleses levam homem ferido para ser transportado para um hospital de campo. Em setembro de 1944, estava claro que a guerra logo chegaria ao fim, e muitos soldados Aliados passaram a ficar relutantes quanto a correr riscos desnecessários em combate. Ao mesmo tempo, a resistência alemã endurecia conforme a linha de frente se aproximava da própria Alemanha.

MERCADO JARDIM

A decisão de lançar uma operação aérea para tomar as pontes na parte baixa do rio Reno foi tomada pelo general Eisenhower, que ficou impressionado com a natureza ousada do plano do geralmente cauteloso Montgomery. Eisenhower tinha escolhido seguir uma estratégia de 'frente ampla' contra a Alemanha, dando igual apoio a todos os seus comandantes de exército, o que enfureceu particularmente Patton. Mas Montgomery parecia oferecer uma chance de terminar a guerra antes do fim do ano, e Eisenhower decidiu correr o risco.
O suporte aéreo da Operação Mercado Jardim era enorme. Quando a operação começou, em 17 de setembro de 1944, os céus sobre o sul da Inglaterra e o Mar do Norte foram tomados por nuvens sem fim de aeronaves — a maioria as onipresentes C-47 Dakota — e aviões-planadores, levando cerca de 20.000 homens e seus equipamentos pelo Canal da Mancha para a Holanda.
A frota se dividiu em duas rotas: a do norte carregava a 82ª Divisão Aérea dos EUA e a 1ª Divisão Aérea da Inglaterra para seus objetivos em Nijmegen e Arnhem, enquanto a do sul levava a 101ª Divisão Aérea dos EUA para as zonas de desembarque em Eindhoven. Mesmo com perdas para a bateria antiaérea alemã, a equipe do sul conseguiu atingir a zona almejada, onde 7.000 soldados desembarcaram.

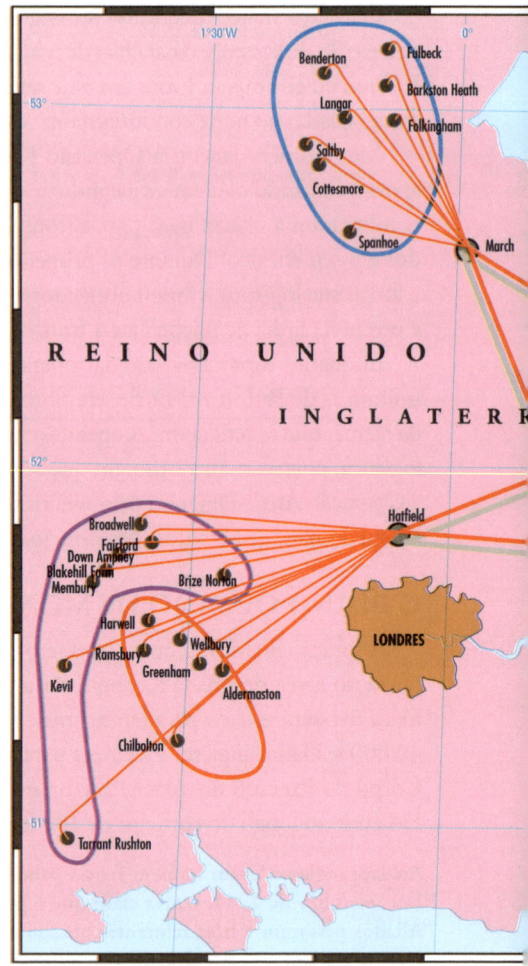

Montgomery argumentou que a operação podia acabar com a vontade de continuar lutando dos alemães e que, mesmo que não fosse esse o caso, os Aliados pelo menos conquistariam posições importantes no Reno. A posição mais distante a ser conquistada seria em Arnhem, para a qual a 1ª Divisão Aérea inglesa deveria esperar a chegada do XXX Corpo de Exército. O plano recebeu o codinome de Mercado Jardim, com o 'Mercado' como os elementos aéreos e o 'Jardim' como as forças terrestres. Eisenhower concordou com o plano, e a data de início foi acertada para 17 de setembro de 1944.

O plano era particularmente arrojado — um contraste direto com o enfoque geralmente cuidadoso e metódico de Montgomery — e encontrou várias dificuldades. Um dos problemas principais era que o 1º Exército Aéreo Aliado era prejudicado pela relação ruim entre seu comandante, general Lewis Brereton, e o

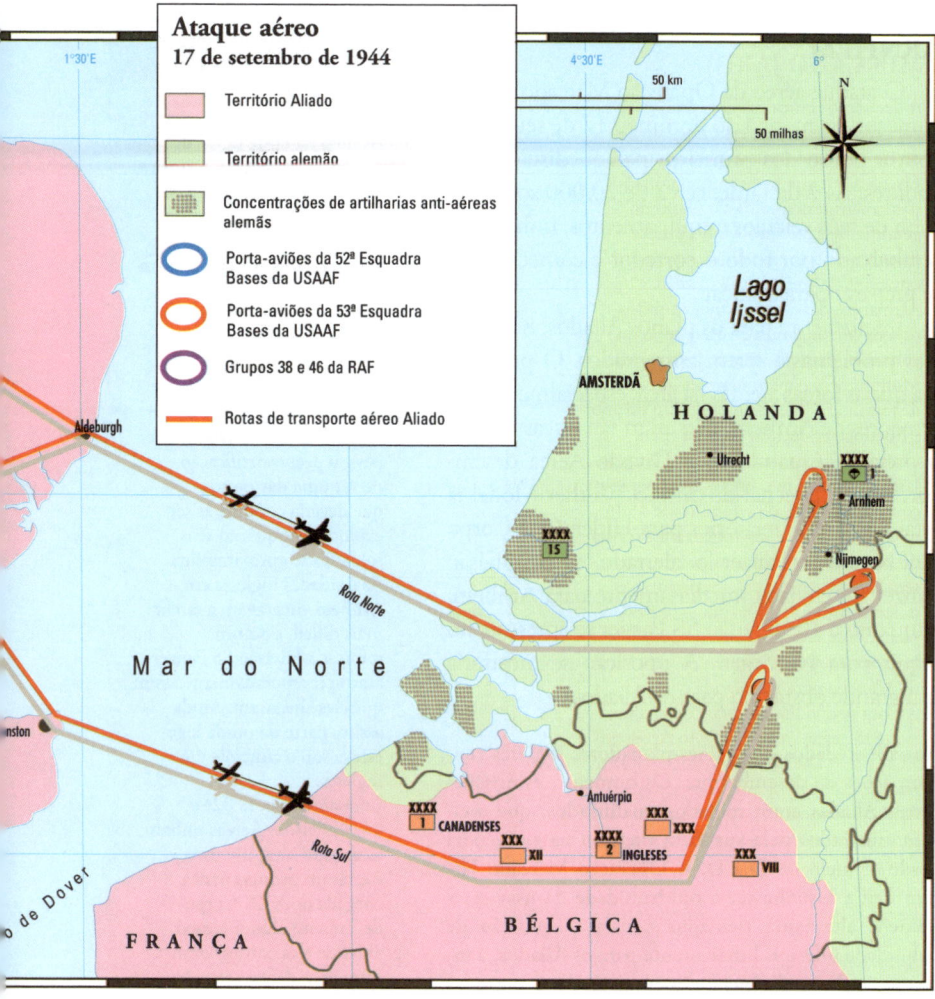

vice dele, Tenente-general Sir Frederick 'Garoto' Browning. Os dois mal se falavam, algo que ficou evidente quando veio a público que os dois tinham planejado operações completamente diferentes para suas tropas aéreas em 6 de setembro e, como resultado, os dois planos foram cancelados.

Igualmente preocupante era a questão da disponibilidade de aeronaves. Embora as forças aéreas dos EUA (USAAF) e a RAF tivessem a maior frota de transporte aérea já reunida, ela não era suficiente para levar mais de um terço do exército por vez.

Os planos para o Mercado Jardim foram devidamente formulados e previam a tomada de pontes em Eindhoven, Nijmegen e Arnhem. Browning fez o posteriormente imortalizado comentário 'Acho que estamos indo uma ponte longe demais', só que não havia tempo para modificações. Em 17 de setembro, as frotas de transporte de massa saíram das bases aéreas do sul para levar os soldados para batalha.

ARNHEM

O ataque aéreo da Operação Mercado Jardim começou na manhã do domingo 17 de setembro, com o pouso dos primeiros paraquedistas e planadores. Às 2 da tarde, cerca de 20.000 soldados, além de seus veículos e equipamentos, tinham desembarcado por todo o corredor e começavam a se preparar para avançar.

Infelizmente para os planos Aliados, havia vários problemas a serem enfrentados. O primeiro era que as forças alemãs na área, especialmente nos arredores de Arnhem, não eram tão fracas quanto o previsto. Quando a 1ª Divisão Aérea desembarcou, o Marechal-de-campo Walther Model já estava passando relatórios para Hitler. O II Corpo de Exército SS Panzer foi alertado, e a 9ª Divisão Panzer foi enviada imediatamente para Arnhem, enquanto a 10ª Divisão SS Panzer se apressou em seguir para Nijmegen. A oposição se mostraria um grande obstáculo para os Aliados.

Abaixo: soldados dos aviões-planadores ingleses treinam ações de desembarque. Os homens nas divisões aéreas Aliadas eram soldados qualificados, que estavam frustrados pela sua falta de ação na campanha desde o início do Dia D. A Operação Mercado Jardim deu a Eisenhower a oportunidade de usar esses homens altamente treinados contra a oposição de habilidade inferior. Infelizmente para os Aliados, a informação da inteligência não era acurada, e as tropas aéreas apenas levemente armadas acabariam lutando contra veteranos habilidosos da SS equipados com armamentos pesados.

A PONTE LONGE DEMAIS

Às duas da tarde de 17 de setembro de 1944, a primeira fase do transporte aéreo da Operação Mercado Jardim estava completa, e 20.000 paraquedistas Aliados tinham pousado. As tropas aéreas tiveram sucesso no início, tomando seus objetivos iniciais com facilidade, já que os defensores alemães foram pegos de surpresa. No entanto, a 101ª Divisão Aérea passou pela mortificação de ver uma das pontes que deveria conquistar ser explodida enquanto seus soldados se aproximavam. As unidades inglesas em Arnhem encaravam a tarefa mais difícil, pois uma reforçada Divisão SS Panzer atacou inesperadamente assim que eles chegaram. Ainda assim, parte da ponte logo estava sob o controle dos ingleses.

Enquanto isso, as 82ª e 101ª Divisões Aéreas tinham alcançado seus objetivos e estavam prontas para a chegada do XXX Corpo de Exército algum tempo antes de eles conseguirem romper as defesas alemãs. O planejamento Aliado tinha cometido um erro de avaliação; apenas uma estrada estava em condições para a Corporação avançar durante a ofensiva. Isso facilitou que os defensores alemães atrasassem as tropas inglesas, mesmo contando com menos soldados.

Como resultado, a operação atrasou praticamente desde o começo e a cada hora os alemães traziam mais reforços para bloquear o avanço Aliado na direção de Arnhem e da ponte que era seu objetivo final.

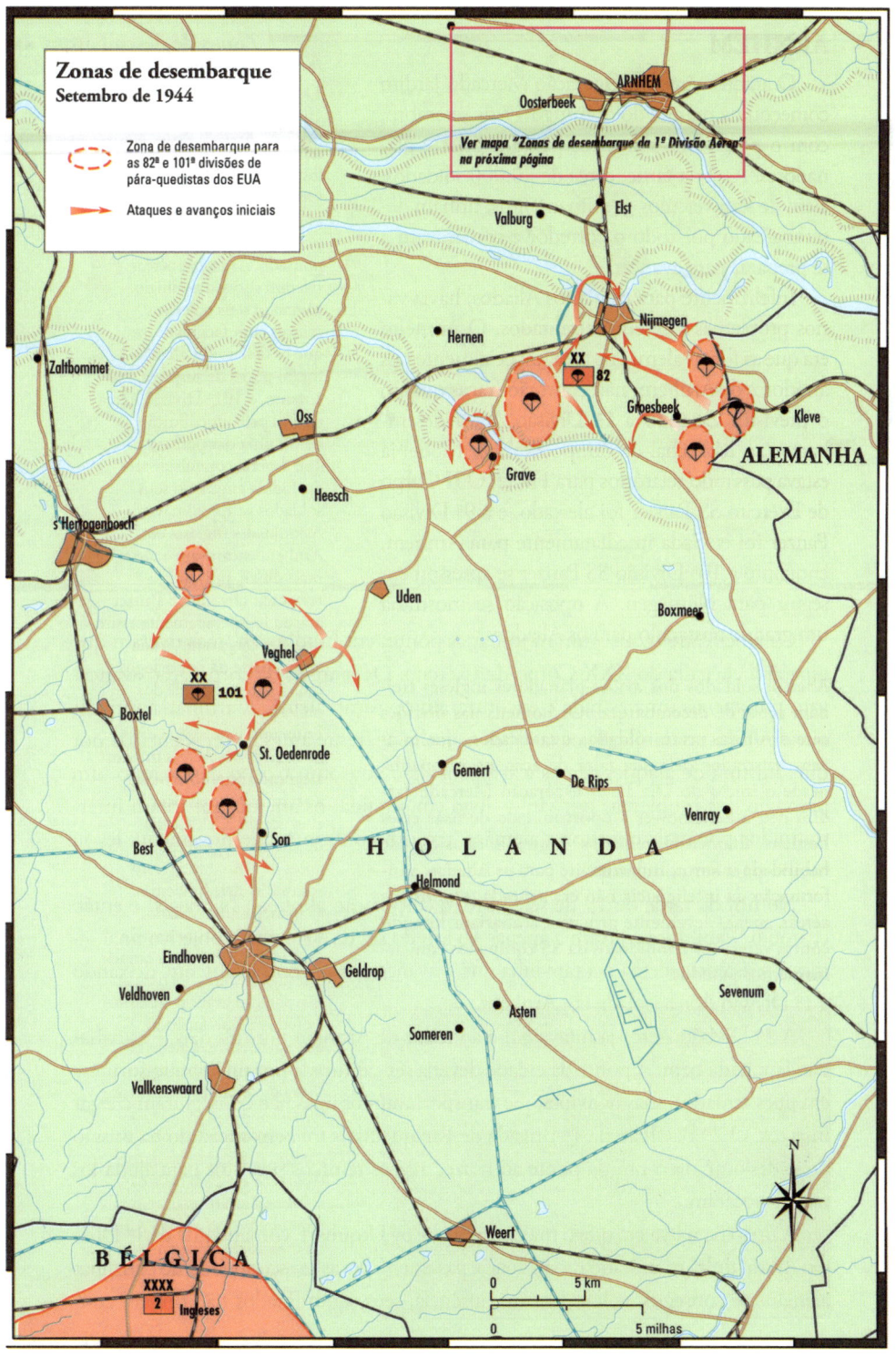

A FRENTE OCIDENTAL

Os americanos conseguiram tomar as pontes em Eindhoven, mas tiveram que esperar a chegada do XXX Corpo de Exército. Os tanques da corporação avançavam por apenas uma estrada e encontraram oposição alemã. A artilharia antitanque dos nazistas danificou os tanques na linha de frente antes de ser silenciada por uma mistura de ataques aéreos e armados. Isso atrasou o Corpo de Exército, um presságio dos problemas por vir — logo em seguida, os americanos foram interrompidos por mais opositores alemães, em um confronto que novamente levou tempo para ser concluído.

No fim da tarde de 19 de setembro, a corporação alcançou Nijmegen e então cruzou o Wahl. Eles estavam a apenas 16 km do sul de Arnhem, o objetivo final — mas a resistência alemã era tamanha que o avanço parou completamente, deixando a 1ª Divisão Aérea isolada em Arnhem.

A 1ª Divisão Aérea já lutava em e ao redor de Arnhem por três dias, e as coisas não iam nada bem. A ponte da cidade deveria ser capturada por um ataque-surpresa em jipes armados, mas os aviões que transportavam os jipes não conseguiram chegar intactos. O 2º Batalhão da 1ª Brigada de Paraquedistas foi bem-sucedido na missão de se deslocar até o fim da ponte ao norte, mas os reforços previstos para ajudá-los não apareceram.

A razão para isso era que o major-general Roy Urquhart, comandante da 1ª Divisão Aérea, tinha se afastado da sua sede e passara 36 horas se escondendo de patrulhas alemãs, até conseguir voltar. Em sua ausência, seus subordinados não tinham con-

POUSOS EM ARNHEM

Os desembarques da 1ª Divisão Aérea foram complicados pelo fato de que ocorreram a alguma distância da cidade de Arnhem, o que tornou necessário que a divisão se movesse com cautela pela cidade para poder alcançar a ponte. Como não havia aeronaves o suficiente para levar toda a força aérea em uma viagem, o plano era para que as tropas adicionais — a Brigada de Paraquedistas da Polônia e a Brigada da 4ª Divisão Aérea — chegassem um dia depois, em 18 de setembro de 1944. A 4ª Brigada foi atrasada pelo tempo ruim e chegou apenas na tarde do dia 18 de setembro.

Uma combinação de resistência alemã, má sorte e tempo ruim fez com que várias áreas que seriam usadas para levar provisões de abastecimento não fossem conquistadas. Outras zonas caíram nas mãos alemãs, e todas as tentativas de notificar a RAF a respeito falharam. Os suprimentos foram entregues como combinado, mas nunca chegaram aos soldados Aliados, enquanto planos alternativos eram traçados para o desembarque da Brigada de Paraquedistas da Polônia. Parte dos soldados desembarcou no dia 21 de setembro, mas os alemães tinham recebido avisos sobre a aproximação de aeronaves de transporte. A artilharia pesada antiaérea alemã e o ataque de dois esquadrões de caças alemães causaram várias mortes. Quando os poloneses conseguiram abrir caminho na área de desembarque, sua força tinha sido reduzida a apenas 750 homens.

seguido chegar a um consenso sobre o que fazer e se concentraram em garantir a posição fora da cidade, em vez de mandar os reforços para a ponte. O 2º Batalhão ficou completamente isolado e, depois de repelir um ataque, foi submetido a uma ofensiva maciça com o objetivo de literalmente arrancá-lo das posições. Uma luta épica eclodiu, mas a tarefa de resistir era impossível, e os alemães retomaram a ponte em 21 de setembro.

A luta em Arnhem continuou, com a realização de ações para levar abastecimentos e reforços por avião, mas isso não foi possível devido ao tempo ruim. Gradualmente, o XXX Corpo de Exército abriu caminho na direção de Arnhem, finalmente alcançando o rio Reno em 23 de setembro. Uma tentativa de cruzar o rio falhou, e Montgomery decidiu retirar a 1ª Divisão Aérea. As outras tropas foram evacuadas pelo rio durante as noites de 25 e 26 de setembro.

A propaganda Aliada de que a operação foi 90% bem-sucedida era exagerada, mas a conquista da ponte no rio Vale seria de grande utilidade em 1945 como uma base para o lançamento de operações.

BATALHA DO BULGE

Em resposta aos sucessos Aliados, Hitler começou a planejar uma contra-ofensiva que ganharia a iniciativa da batalha para a Alemanha. O plano de Hitler era ambicioso ao extremo, com o objetivo de conquistar o porto da Antuérpia em um ataque-surpresa por Ardennes. Os generais de Hitler ficaram perplexos com a proposta, reconhecendo que o exército alemão não estava em condições de fazer um avanço dessa magnitude. Mas Hitler não foi dissuadido e deu ordens para que as tropas se concentrassem no lado oposto de Ardennes, mesmo que

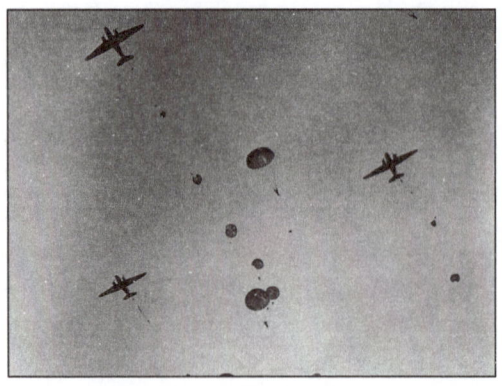

Acima: aviões Dakota da RAF deixam os paraquedistas da 1ª Divisão Aérea em Arnhem durante a Operação Jardim Mercado. O fracasso da operação e o constante problema de abastecimento, agravados pelo tempo ruim, fizeram a ofensiva estacar. Hitler viu nisso uma oportunidade estratégica de forçar os Aliados a procurarem a paz com a conquista da Antuérpia e a separação dos exércitos ingleses e norte-americanos.

isso fosse privar a Frente Oriental de forças que eram desesperadamente necessárias lá.

A ofensiva começou em 16 de dezembro de 1944. Alguns ganhos foram conseguidos, mas eles não eram substanciais o suficiente para realizar o objetivo de Hitler de alcançar a Antuérpia, exatamente como seus comandantes tinham previsto. O ataque ao norte pelo 6º Exército Panzer foi frustrado em alguns dias.

A ação ao centro teve mais sucesso. De 18 a 22 de dezembro, a 101ª Divisão Aérea foi cercada em Bastogne e se manteve por alguns dias diante das condições difíceis. Mas, mesmo que os alemães forçassem caminho pelas linhas Aliadas, quando os Aliados restabeleciam uma posição segura e o tempo melhorava o suficiente para seus aviões-caça operarem, uma reversão de cenários era inevitável. Um contra-ataque começou em 23 de dezembro, e Bastogne foi retomada em três dias. Um esforço final alemão foi realizado no dia de ano novo de 1945, mas o ataque foi frustrado pela oposição Aliada.

ARDENNES

A ofensiva alemã em Ardennes tinha a intenção de mudar a situação estratégica na Frente Ocidental. O grande esquema de Hitler vislumbrava a conquista do porto da Antuérpia, dividindo os exércitos ingleses e americanos e usando a vantagem conseguida para negociar uma paz separada com os poderes ocidentais, permitindo que a Alemanha voltasse suas atenções para derrotar a União Soviética.

O plano para a ofensiva inicialmente envolvia o uso de unidades disfarçadas como americanas para causar confusão por onde passavam, mudando a direção do tráfego e assumindo controle dos principais pontos de passagem. A ideia não foi para frente, já que havia poucos soldados alemães que falavam inglês e eles não haviam capturado equipamento americano o suficiente para garantir que a farsa fosse levada com sucesso.

Um ataque aéreo deveria acontecer também, mas os paraquedistas ficaram tão dispersos que não conseguiram atingir nada. Os três regimentos alemães conduzindo a ofensiva conseguiram fazer os americanos recuarem, mas o sucesso foi temporário, pois um contra-ataque forçou os alemães a voltarem para trás, até que, no fim de janeiro, a derrota alemã foi confirmada. Os alemães perderam mais de 120.000 soldados e 600 veículos armados na ofensiva, enfraquecendo as forças disponíveis para defender o rio Reno.

A FRENTE OCIDENTAL

Em 3 de janeiro de 1945, os Aliados lançaram um ataque contra os flancos sul e norte da saliência criada pelo avanço alemão, com a intenção de reduzi-los de uma vez. Durante as semanas que se seguiram, os alemães foram obrigados a recuar para suas posições originais. A ofensiva sem dúvida causou bastante preocupação aos Aliados nas fases iniciais, enquanto o avanço alemão crescia, mas logo ficou claro que a força alemã era insuficiente para alcançar uma vitória significativa. O resultado final foi que os alemães sofreram grandes perdas perseguindo um objetivo que era inalcançável desde o começo.

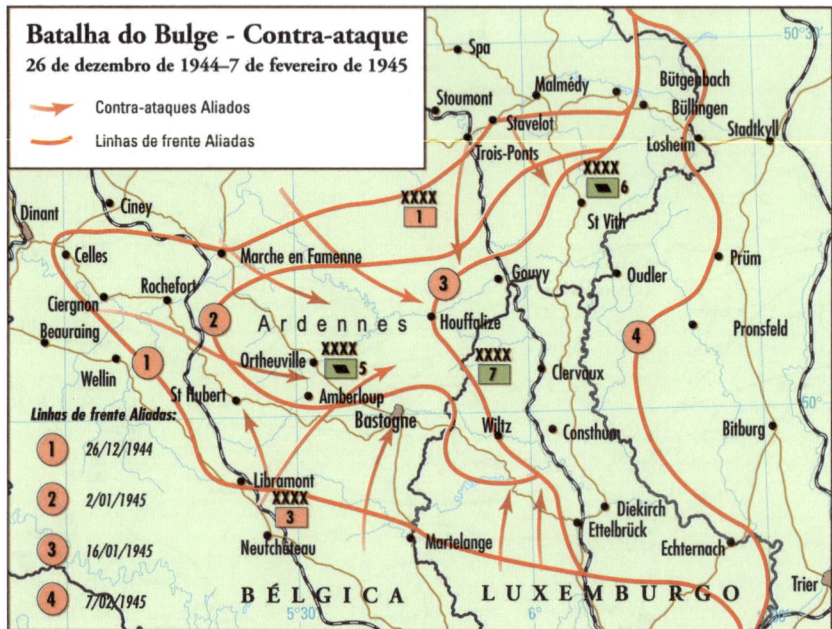

AVANÇO PARA O RENO

A ofensiva alemã em Ardennes causou um choque considerável nos Aliados, porque demonstrou que ainda faltava muito para os alemães serem derrotados. Embora o terreno perdido no ataque tivesse sido retomado até o fim de janeiro de 1945, ficou evidente que os alemães ainda eram um grande oponente. Além disso, era possível presumir que eles lutariam com ainda mais vigor quando a guerra chegasse à Alemanha.

O avanço para a Alemanha pedia que os Aliados atravessassem o rio Reno, que oferecia uma posição defensiva natural para os alemães. Para complicar ainda mais, a Parede Oeste (também conhecida como Linha Siegfried) teria que ser vencida antes do avanço para o país. Como se esses desafios não fossem suficientes, o clima ruim deixou a maior parte do terreno perto do rio debaixo d'água.

O plano de Eisenhower para cruzar o Reno envolvia duas fases de operações. Na primeira, o 21º Exército limparia a área do Reno do lado de Wesel. Então, sob a proteção da Operação Vertiable, o XXX Corpo de Exército poderia avançar de Nijmegen para Reichswald, seguido pelo 9º Exército dos EUA, que iria por Münchengladbach. Haveria então uma breve pausa para permitir o reagrupamento, e o 21º Exército se prepararia para cruzar o Reno, flanquear Ruhr pelo norte e seguir para as planícies no norte da Alemanha.

Se o plano fosse bem-sucedido, Montgomery estaria em posição de seguir para Berlim. O 12ª Exército de Bradley avançaria ao sul de Montgomery, limpando a área do Reno entre Colônia e Koblenz. O 3º Exército de Patton iria por Mainz e Mannheim, unindo-se às forças dos EUA avançando do Sarre. Quando isso acontecesse, as posições por todo o Reno estariam garantidas.

O 1º Exército Canadense deveria fazer os movimentos iniciais da Operação Veritable, que começou em 8 de fevereiro. A resistência alemã foi ferrenha, e o avanço Aliado se mostrou mais lento que o esperado. Os alemães do Primeiro Exército de Paraquedistas mantiveram as bem-preparadas linhas de defesa. O terreno não favorecia o ataque, e a inundação forçava os Aliados a usarem estradas estreitas, que eram

Abaixo: soldados americanos tentam encontrar cobertura enquanto cruzam o Reno sob o fogo de pequenos exércitos. A conquista da ponte em Remagen destruiu a última esperança dos alemães de parar os Aliados no Reno, e, mais tarde, a passagem pelo rio das tropas de Patton e Montgomery em números significativos — a operação de Montgomery sendo assistida por Winston Churchill — efetivamente determinou o destino da Alemanha.

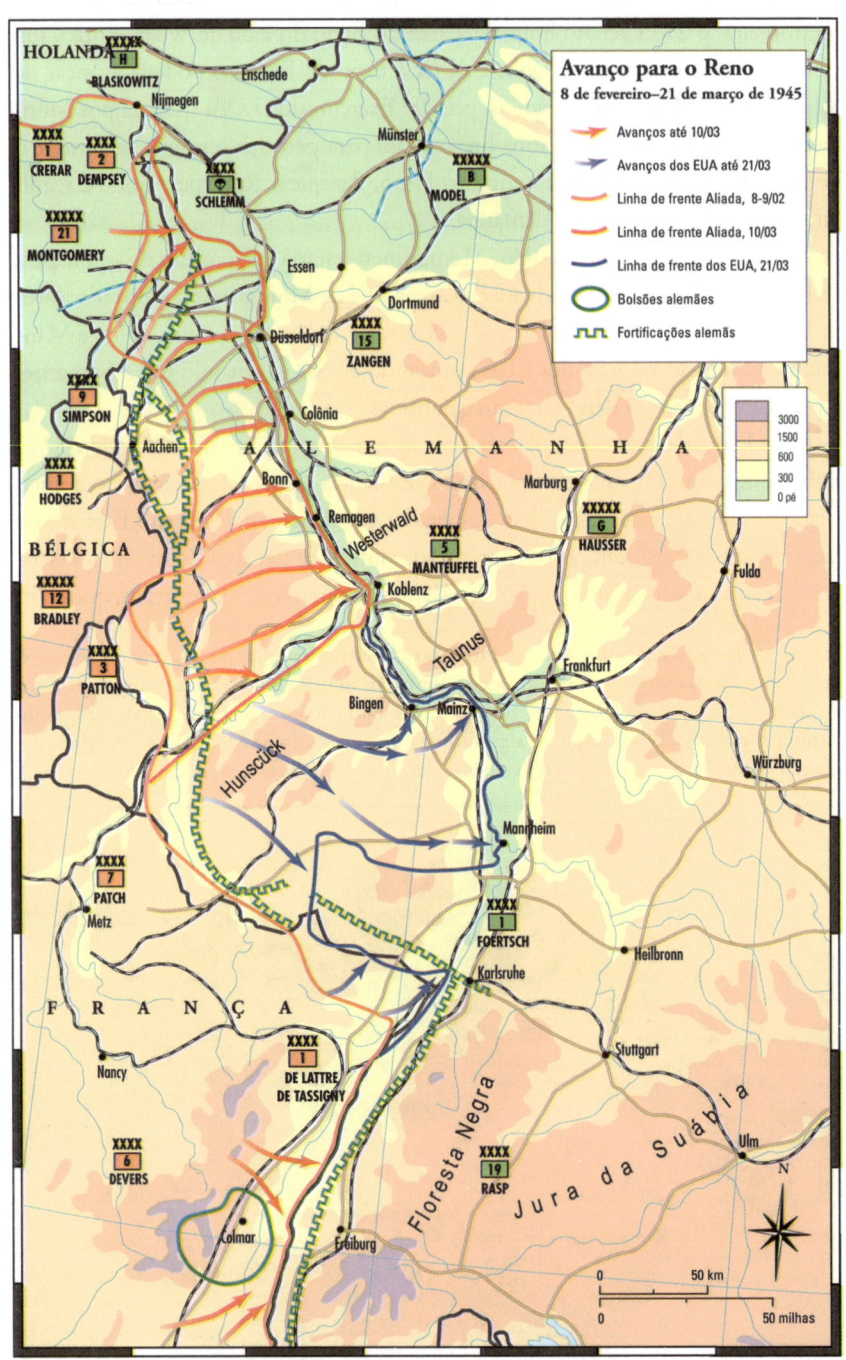

INDO PARA O RENO

O avanço para o Reno foi particularmente difícil para as forças anglo-canadenses envolvidas na primeira fase da missão, pois elas enfrentavam oposição ferrenha enquanto se moviam por terreno acidentado. O primeiro estágio da ofensiva, Operação Veritable, foi prejudicado pelo tempo ruim e pelo fato de que ingleses e canadenses lutavam em terreno que favorecia os defensores.

Como resultado, o avanço foi mais devagar do que o previsto, e a operação complementar do 9º Exército dos EUA (Operação Granada) teve que ser atrasada, pois os alemães inundaram o Vale de Ruhr para impedir o avanço Aliado. O 1º Exército dos EUA teve mais sorte e tomou Colônia e Bonn. Esses sucessos foram seguidos pela notável conquista da ponte de Ludendorff, que cruzava o rio Reno em Remagen.

As tropas alemãs que defendiam a ponte deveriam tê-la destruído com explosivos, e ver que isso não tinha acontecido foi uma surpresa para os americanos. A ponte foi tomada depois de um ataque rápido e proporcionou um meio útil, mas não vital, de fazer homens e equipamentos cruzarem o Reno. A ponte de Ludendorff desmoronou em 17 de março, mas não demoraria para que os exércitos Aliados em força total cruzassem o Reno para seguir para o coração da Alemanha.

mais fáceis de defender. As chuvas não pararam e deixaram as estradas impossíveis de cruzar, o que obrigou a infantaria a progredir devagar.

O 9º Exército dos EUA ficou impossibilitado de avançar quando os alemães abriram a represa de Ruhr e inundaram a região. As tropas nazistas que o enfrentava foram desviadas para combater o ataque anglo-canadense. Quando a água baixou, o 9º Exército atacou, em 23 de fevereiro (duas semanas depois do programado), encontrando pouca oposição, e se uniu à Operação Veritable em Geldhorn no dia 3 de março.

A parte americana da operação correu bem. Colônia caiu nos dias 5 e 6 de março, seguida por Bonn. Na tarde de 6 de março, uma pequena força do Comando de Combate B foi enviada para fechar o Reno em Remagen, agindo como escudo para as unidades que avançavam para se juntar ao 3º Exército dos EUA. Para a surpresa geral, a ponte da região que cruzava o rio estava intacta. Quando as notícias da conquista alcança-

Acima: um sorridente general Eisenhower (segundo à direita) visto depois da rendição alemã com veteranos americanos, ingleses e russos. Embora o Dia VE (Vitória na Europa) ficasse marcado como 8 de maio de 1945, combates esporádicos continuaram na Europa por mais uma semana contra partidários fanáticos de Hitler, e os Aliados ainda enfrentavam o problema de derrotar o Japão no Extremo Oriente.

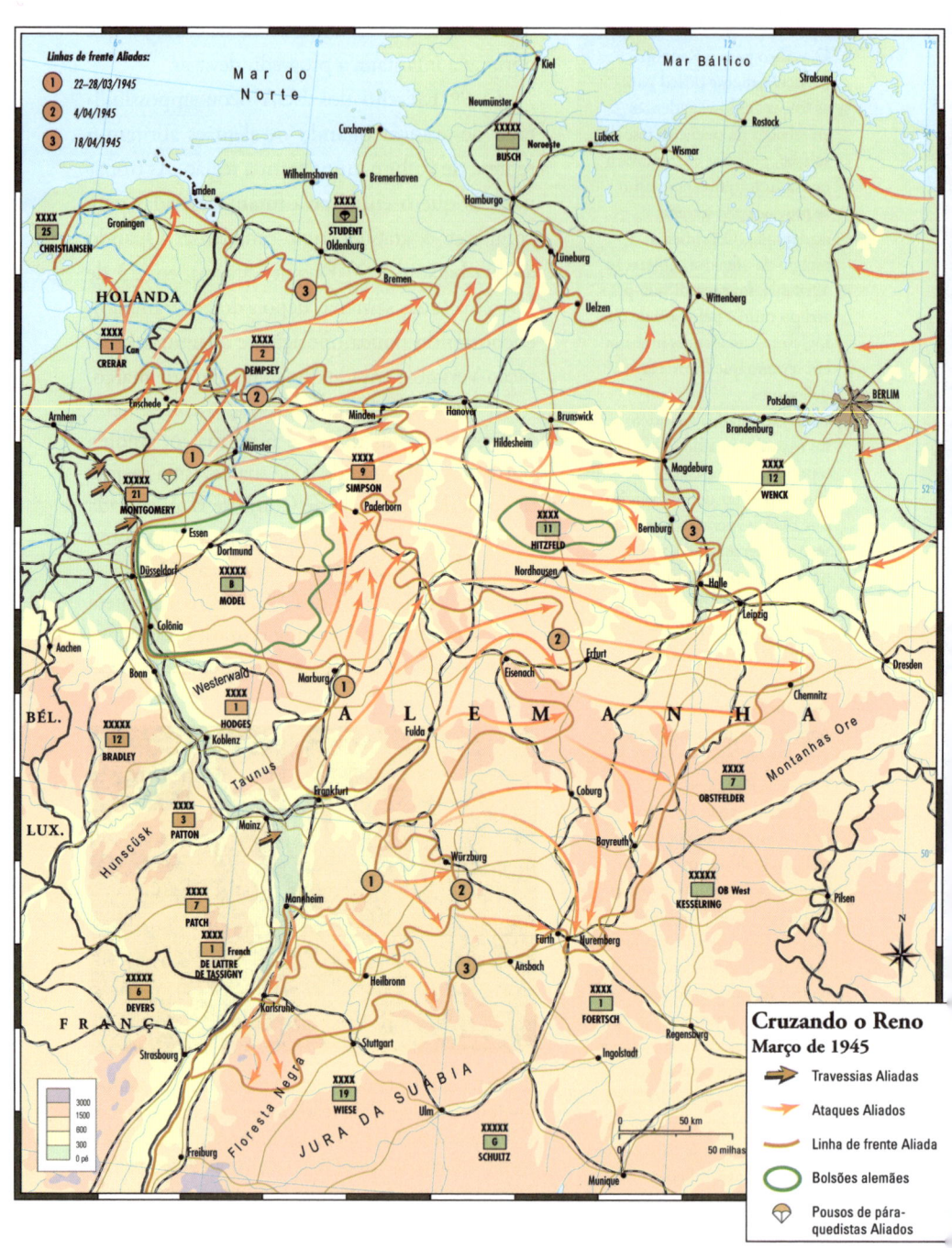

FIM DE JOGO

Depois de cruzar o Reno e garantir posições seguras, os Aliados estavam na posição de comando da batalha. A decisão de Eisenhower de mudar o foco de seu ataque para longe de Berlim não causou grandes problemas de planejamento, e os 12º e 21º Grupos de Exército foram rápidos para seguir para o próximo nível da ofensiva. Ao norte, o 21º Grupo de Exército teve considerável sucesso em seguir para a Holanda e depois na costa dos países Bálticos e, em 18 de abril de 1945, estava na entrada de Bremen, aproximando-se de Hamburgo. Ao sul, o 12º Grupo de Exército avançou com a mesma velocidade, cercando o bolsão de Ruhr durante as duas primeiras semanas de abril. A dificuldade mais notável para os americanos nessa altura era o número de alemães que se rendiam, o que apresentou dificuldades administrativas na tentativa de processar todos os prisioneiros.
O avanço do 9º Exército para o rio Elba também correu bem. Em 4 de abril, os soldados cruzaram o rio Weser; quatro dias depois, chegaram a Leine; três dias depois disso, o 9º Exército alcançou o Elba para o sul de Magdeburg. Apenas o 7º Exército dos EUA e o 1º Exército francês encontraram séria resistência, nos arredores de Würzburg e Karlsruhe, respectivamente; mas mesmo isso não causou um atraso sério ao avanço. Em 18 de abril de 1945, a derrota total da Alemanha estava consolidada.

ram as outras formações, os soldados americanos se deslocaram para atravessar o rio. A ponte desmoronou em 17 de março, mas esse foi o primeiro passo para cruzar o rio. Reno. Até o fim do dia seguinte, o 3º Exército controlava a maior parte da margem oeste do Reno e estava pronto para seguir em frente.

ATRAVESSANDO O RENO

A conquista da ponte em Remagen proporcionou o primeiro ponto de passagem, mas o primeiro esforço concentrado para cruzar o Reno começou em 22 de março. Patton, frustrado com o fato de que Remagen tinha sido conquistada pelo Primeiro Exército em vez de por suas tropas, ordenou que seus homens cruzassem o rio em botes em Nierstein e Oppenheim. A Operação Pilhagem, o plano de Montgomery para os ingleses cruzarem o Reno, começou em 23 de março, com cinco posições fortes estabelecidas na manhã seguinte. O bom momento do ataque foi mantido pelo uso das forças aéreas, com a Operação Varsity.

Varsity deveria garantir as posições-chave na frente da infantaria, permitindo seu avanço com relativa facilidade na direção das margens do rio. Mesmo com várias aeronaves e planadores perdidos para o ataque alemão, a operação foi bem-sucedida.

Em 25 de março, o 21º Grupo de Exército tinha conquistado uma base firme na margem leste do Reno, consolidando a posição três dias depois. Com os dois lados do Reno garantidos, a atenção se voltou para as fases finais da guerra.

Nesse ponto, Eisenhower mudou de estratégia. Bem quando Montgomery começou a planejar um avanço pelas planícies do norte da Alemanha até Berlim, Eisenhower decidiu mudar o foco das operações para o 12º Grupo de Exército, que atacaria pelos rios Elba e Mulde, com o objetivo de dividir o exército alemão em dois antes de se unir ao Exército Vermelho. O 21º Grupo de

Acima: um tanque alemão StuG durante a Batalha de Bulge sendo camuflado por seus tripulantes para esconder o veículo dos aviões bombardeiros Aliados. Em 1944, os Aliados tinham superioridade aérea na Frente Ocidental, e as tropas alemãs viram seus movimentos ficarem extremamente limitados. Qualquer nuvem significativa de poeira ou fumaça atraía a atenção dos Typhoons ingleses ou dos Thunderbolts americanos, com seus armamentos capazes de destruir tanques.

Exército se moveria pela costa dos países Bálticos, com o objetivo de chegar lá antes dos russos, libertando a Holanda, conquistando os portos ao norte da Alemanha e cortando pela Dinamarca. Ao sul do 12º Grupo de Exército, o 6º Exército dos EUA iria para a Áustria e derrotaria as forças alemãs que permaneciam na região, eliminando todas as bases em potencial do partido nazista.

Seguindo o novo plano, o 2º Exército da Inglaterra atacou em 28 de março, atravessou o rio Weser e, apesar da resistência alemã em Hanover, venceu 320 km em três semanas. Em 18 de abril, na frente do 21º Grupo de Exército, o I Corpo de Exército alcançou Zuider Zee; o XII Corpo de Exército já estava avançado a caminho de Hamburgo, e o VIII Corpo de Exército tinha tomado Lüneburg e se aproximava do rio Elba.

Enquanto isso, o 12º Grupo de Exército já tinha cercado Ruhr e conduzia uma metódica operação para se livrar dos últimos grupos de resistência. Na segunda semana de abril, os soldados alemães se rendiam aos montes, frequentemente sem resistência. O 9º Exército alcançou Hanover em 10 de abril e, no dia seguinte, avançou para o rio Elba. Em 18 de abril, mesmo que ainda houvesse alguns bolsões de resistência a ser vencidos, era evidente que a guerra não duraria por muito mais tempo.

A ÚLTIMA FASE

A fase final do avanço Aliado na Frente Ocidental viu o rápido colapso da resistência alemã durante os últimos dias de abril e a primeira semana de maio de 1945. Na área do 21º Grupo de Exército, Bremen foi tomada em 27 de abril, enquanto Lübeck e Hamburgo caíram em 2 de maio. O 12º Grupo de Exército conquistou Hale e Leipzig em 19 de abril e Dessau três dias depois. Em 24 de abril, o 1º Exército dos EUA alcançou sua linha de parada no rio Mulde e, no dia seguinte, se uniu às forças soviéticas no rio Elba, perto de Torgau.

O 3º Exército dos EUA atravessou o rio Danúbio no mesmo dia, antes de tomar Regensburg. O regimento então seguiu para a Áustria, conquistando Linz em 5 de maio. À direita do 3º Exército, o 7º Exército dos EUA conquistou Nuremberg em 20 de abril, depois de uma batalha de cinco dias, e, então, cruzou o rio Danúbio com o 1º Exército francês. Isso finalmente destruiu a resistência do Grupo de Exército G alemão, deixando o caminho aberto para os franceses seguirem para a fronteira com a Suíça.

Nesse ponto, o suicídio de Hitler se tornou público, deixando óbvio que o fim estava próximo. Em 4 de maio de 1945, quase toda a resistência alemã tinha acabado. Na sede de Montgomery, em Lüneburg Heath, os alemães de todas as forças na Holanda, Dinamarca e norte da Alemanha se renderam; no dia seguinte, emissários chegaram ao quartel-general de Eisenhower e, depois de algumas tentativas de atrasar o processo, assinaram o armistício às 02h40min do dia 7 de maio. A guerra na Europa terminou no dia seguinte.

A Alemanha perdeu a guerra por vários motivos, entre eles o fato que era impossível se igualar às potências Aliadas em termos de contingente humano e produção industrial. Enquanto o exército alemão causou perdas maciças no Exército Vermelho, a União Soviética podia suportar essas perdas; a Alemanha, por outro lado, simplesmente não tinha como sobreviver com as perdas que sofria na Frente Oriental. Na Frente Ocidental, embora a resistência alemã tenha causado problemas em várias ocasiões, na conclusão da batalha pela Normandia, em meados de 1944, já não havia mais dúvidas do resultado final da II Guerra Mundial.

À esquerda: frota americana avança pelo sul do Pacífico, liderada pelo Essex. Desde o início da guerra na região, ficou claro que os porta-aviões seriam uma ferramenta importante e estratégica e que a sorte de ambos os lados variaria de acordo com o número de porta-aviões disponível. Dada a superioridade japonesa evidente no início da guerra tanto em porta-aviões quanto em termos navais no geral — especialmente em relação à frota inglesa quase obsoleta — o dramático sucesso do país no início da batalha é perfeitamente compreensível.

A Guerra no Pacífico

Do ataque-surpresa a Pearl Harbor ao lançamento das duas bombas atômicas em Hiroshima e Nagasaki, a guerra no Pacífico foi travada com ferrenha determinação pelos dois lados. Embora a expansão japonesa tenha sido rapidamente interrompida na batalha de Midway, seriam anos de dura luta antes que os exércitos do imperador Hirohito fossem derrotados.

As origens da 'Operação Havaí', como a ação em Pearl Harbor era chamada, estão na complexa situação internacional em que a Ásia se encontrava durante os anos 1930 e no papel do Japão nesse cenário. Ao final da I Guerra Mundial, o Japão esperava ser favorecido pelos acordos de paz que retiraram colônias da Alemanha em benefício dos Aliados vitoriosos. Essas aspirações não foram concretizadas, o que causou considerável indignação no país, particularmente entre as forças armadas ultranacionalistas. As forças armadas detinham grande influência no poder político japonês — algo que era garantido pela constituição do país —, e, em 1931, o Exército Japonês invadiu e conquistou a província da Manchúria sem consultar o governo em Tóquio.

A ação causou repulsa internacional, e o Japão respondeu às críticas deixando a Liga das Nações e aumentando seu programa de armamento. A tensão entre o Japão e a China aumentou e levou ao início da luta armada em 1937. Os japoneses contabilizaram ganhos e, diante da queda da França para os nazistas, voltaram suas atenções para a Indochina, pressionando as autoridades locais para impedir que abastecimentos chegassem ao país. O governo colonial francês se recusou a aceitar o pedido, o que levou o Japão a partir para a ocupação da Indochina em setembro de 1940. Em resposta, a Inglaterra, os EUA e a Holanda impuseram sanções (o governo exilado holandês agindo em relação às Índias Orientais Holandesas), o que afetou cerca de três quartos do comércio japonês e 90% do suprimento de petróleo do país.

Restavam para o Japão duas opções: buscar acordos para a suspensão das sanções ou ir à guerra antes que seus recursos acabassem. Com o governo militar e nacionalista militante liderado pelo general Tojo no poder, a primeira hipótese não foi sequer considerada.

PLANEJAMENTO JAPONÊS

Durante o planejamento para a guerra, ficou claro que a maior ameaça para o Japão era a esquadra norte-americana. Por isso, foi decidido que o primeiro passo seria um ataque aéreo partindo de porta-aviões contra o ancoradouro americano no Pacífico, em Pearl Harbor.

PEARL HARBOR

Depois de tomar a decisão de lançar um ataque decisivo contra a frota dos EUA, a força japonesa, composta por seis porta-aviões (Akagi, Kaga, Soryu, Hiryu, Shokaku e Zuikaku), se reuniu em segredo em 22 de dezembro de 1941. Para garantir a segurança, o grupo seguiu por uma rota que não tinha risco de ser interceptada. O caminho não apenas estava bem além do alcance do radar dos navios americanos operando do Havaí ou das ilhas Midway, como também a rota foi encoberta pelo tempo ruim, o que reduzia ainda mais a chance de o grupo de ataque ser comprometido.

Enquanto os japoneses se aproximavam do ponto dos aviões levantarem voo, submarinos rumando pelo sul fecharam o cerco ao Havaí com o objetivo de fazer reconhecimento do território. A informação obtida, combinada aos dados trazidos de agentes no Havaí, trazia a decepcionante notícia de que não havia porta-aviões americanos em Pearl Harbor e que alguns navios realizavam exercícios de treinamento em outras localidades. Mesmo assim, havia cerca de 80 embarcações da marinha americana ancoradas, alheias à aproximação da força japonesa.

Pouco depois das 06h do dia 7 de dezembro de 1941, o primeiro grupo de aviões deixou os deques dos navios japoneses, a caminho do objetivo no Havaí. Em Pearl Harbor, a maioria dos marinheiros ainda dormia, sem imaginar a carnificina que logo chegaria.

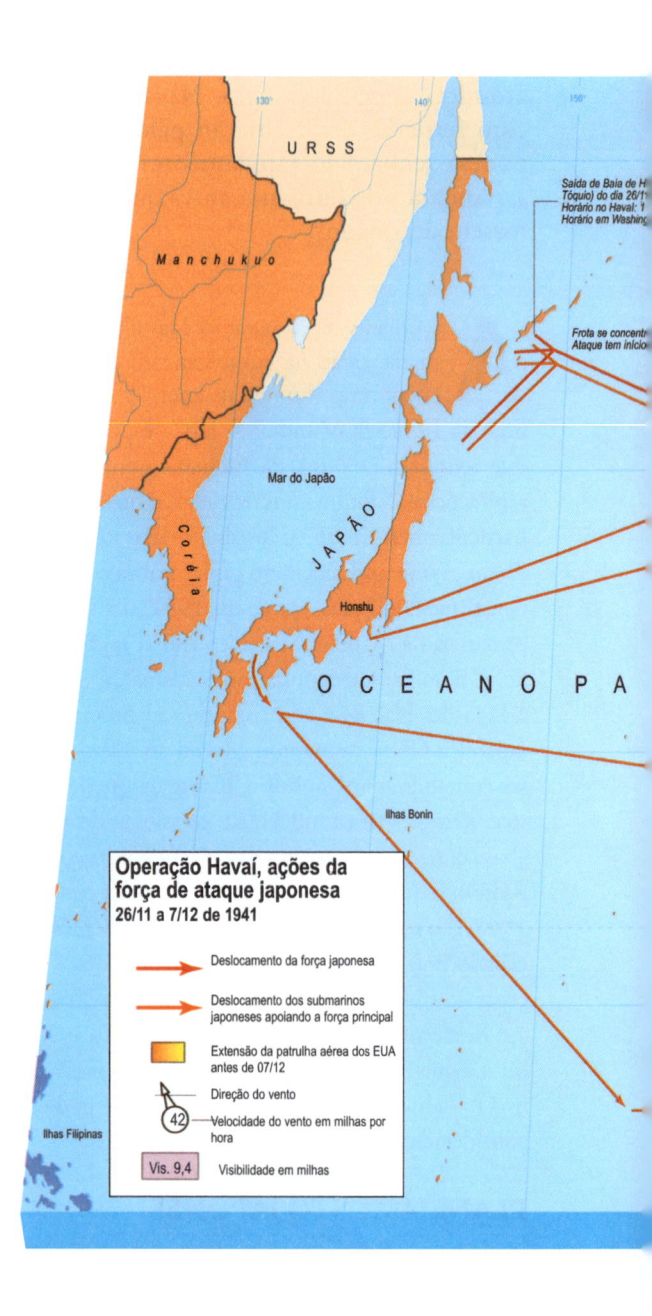

Operação Havaí, ações da força de ataque japonesa
26/11 a 7/12 de 1941

- Deslocamento da força japonesa
- Deslocamento dos submarinos japoneses apoiando a força principal
- Extensão da patrulha aérea dos EUA antes de 07/12
- Direção do vento
- 42 Velocidade do vento em milhas por hora
- Vis. 9,4 Visibilidade em milhas

Ilhas Aleutas

Data longitudinal oeste:
Forças japonesas, independentemente da longitude, operam de acordo com o horário de Tóquio

1/12 Vis. 9/4
2/12 Vis. 12/4
3/12 Vis. 8,5
4/12 Vis. 5
5/12
6/12 Vis. 6,25
7/12 Vis. 6,25
Vis. 22
8/12

7/12: dois destróieres japoneses bombardeiam Midway

Midway

5/12:
Porta-aviões dos EUA Lexington, com os cruzadores pesados Astoria, Chicago e Portland e os destróieres Porter, Flusser, Drayton, Lamson e Mahan, navega de Pearl Harbor levando aviões para Midway

4/12:
Porta-aviões americano Enterprise, acompanhado dos cruzadores pesados Chester, Northampton e Salt Lake City e dos destróieres Balch, Gridley, Craven, McCall, Maury, Dunlap, Fanning, Benham e Ellet, envia aviões para as Ilhas Wake

(7/12, data da longitude leste)
Ataque dura das 06h05 às 06h20, horário local

Ataque a Pearl Harbor
Horário de Tóquio: 03h25 de 8/12
Horário do Havaí: 07h55 de 7/12
Horário de Washington: 13h25 de 7/12

Ilhas Wake

Ilhas Havaianas

7/12:
Cruzador pesado Minneapolis e os destróieres e detectores de minas obsoletos Boggs, Chandler, Hovey e Lamberton estão envolvidos em exercícios ao sul de Oahu

Ilha Johnston

5/12:
Cruzador pesado Indianapolis e os destróieres e detectores de minas obsoletos Dorsey, Elliot, Hopkins, Long e Johnson navegam de Pearl Harbor para um exercício na ilha Johnston

A GUERRA NO PACÍFICO 43

Os japoneses, bastante influenciados pelas conexões com a Marinha Real Inglesa, tinham investido bastante em artilharia aérea. O espetacular sucesso em 1940 do ataque dos porta-aviões da marinha inglesa contra a esquadra italiana em Táranto convenceu os japoneses de que uma ação semelhante contra os norte-americanos poderia dar certo, acabando com a habilidade do inimigo de retaliação. O almirante Yamamoto conduziu cuidadosamente o planejamento durante 1941, até chegar ao formato final do esquema de operações.

Seis porta-aviões seriam usados para o ataque, levando mais de 400 aeronaves. Depois de treinamento intensivo, a força de ataque se reuniu em um ancoradouro isolado nas ilhas Kurile em 22 de novembro de 1941. Foram quatro dias de preparação antes de os soldados partirem, seguindo por uma rota sinuosa para evitar sua identificação. De todos os pontos do arquipélago, submarinos japoneses rumavam para o Havaí independentemente, com o objetivo de fornecer dados de inteligência e de atacar os alvos ancorados, se possível.

Enquanto a frota se preparava para assumir posição, os diplomatas japoneses conduziam negociações com os americanos: a ideia era que, quando as negociações fracassassem, o Japão desse um ultimato, seguido pelo ataque. O objetivo de manter pelo menos alguma legitimidade diplomática seria frustrado, pois o embaixador japonês não conseguiu entregar o ultimato a tempo. Enquanto ele esperava para fazê-lo, a primeira onda de ataque aéreo já estava a caminho, e o Japão estava prestes a ir à guerra.

PEARL HARBOR

O ataque japonês a Pearl Harbor começou com a decolagem de uma primeira onda de aeronaves às 6h do dia 7 de dezembro de 1941. Por volta das 07h55min, a primeira aeronave chegou a Pearl Harbor, surpreendendo completamente a esquadra norte-americana. Os aviões japoneses se dividiram em formações separadas, algumas seguindo para os campos aéreos das proximidades para impedir que os caças americanos levantassem voo, outras se alinhando para o ataque.

① Cargueiro *Whitney* e destróieres *Tucker, Conyngham, Reid, Case* e *Selfridge*	⑮ Cruzador leve *Raleigh*	㊱ Canhoneira *Sacramento*
	⑯ Couraçado alvo *Utah*	㊲ Destróier *Jarvis*
② Destróier *Blue*	⑰ Cargueiro hidroplano *Tangier*	㊳ Destróier *Mugford*
③ Cruzador leve *Phoenix*	⑱ Couraçado *Nevada*	㊴ Cargueiro hidroplano *Swan*
④ Destróieres *Aylwin, Farragut, Dale* e *Monaghan*	⑲ Couraçado *Arizona*	㊵ Navio de reparo *Rigel*
	⑳ Navio de reparo *Vestal*	㊶ Navio-tanque *Ramapo*
⑤ Destróieres *Patterson, Ralph Talbot* e *Henle*	㉑ Couraçado *Tennessee*	㊷ Cruzador pesado *New Orleans*
	㉒ Couraçado *West Virginia*	㊸ Destróier *Cummings* e lança-minas *Preble* e *Tracy*
⑥ Cargueiro *Dobbin* e destróieres *Worden, Hull, Dewey, Phelps* e *Macdough*	㉓ Couraçado *Maryland*	Cruzador leve *San Francisco*
	㉔ Couraçado *Oklahoma*	㊹ Destróier detector de mina *Grebe*, destróier *Schley* e
	㉕ Navio-tanque *Neosho*	㊺ lança-minas leves *Pruitt* e *Sicard*
⑦ Navio-hospital *Solace*	㉖ Couraçado *California*	Cruzador leve *Honolulu*
⑧ Destróier *Allen*	㉗ Cargueiro hidroplano *Avocet*	㊻ Cruzador leve *St. Louis*
⑨ Destróier *Chew*	㉘ Destróier *Shaw*	㊼ Destróier *Bagley*
⑩ Destróieres-detectores de minas *Gamble* e *Montgomery* e lança-minas leve *Ramsey*	㉙ Destróier *Downes*	㊽ Submarinos *Narwhal, Dolphin* e *Tautog* e cargueiros
	㉚ Destróier *Cassin*	㊾ *Thornton* e *Hulbert*
⑪ Destróieres-detectores de minas *Trever, Breese, Zane, Perry* e *Wasmuth*	㉛ Couraçado *Pennsylvania*	
	㉜ Submarino *Cachalot*	
⑫ Navio de reparos *Medusa*	㉝ Lança-minas *Oglala*	㊿ Submarino cargueiro *Pelias*
⑬ Cargueiro hidroplano *Curtiss*	㉞ Cruzador leve *Helena*	51 Navio auxiliar *Sumner*
⑭ Cruzador leve *Detroit*	㉟ Navio auxiliar *Aragonne*	52 Navio auxiliar *Castor*

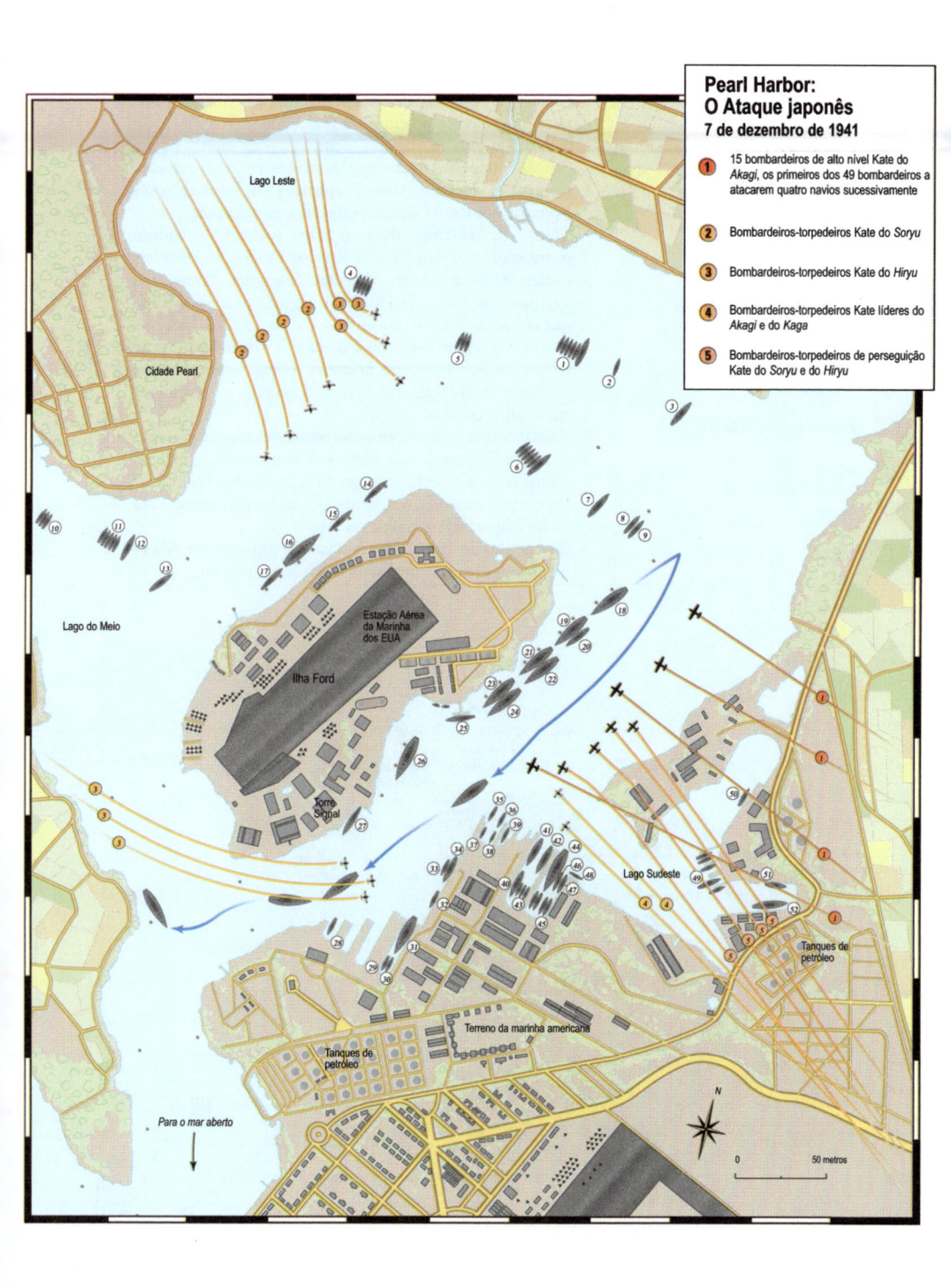

**Pearl Harbor:
O Ataque japonês**
7 de dezembro de 1941

① 15 bombardeiros de alto nível Kate do *Akagi*, os primeiros dos 49 bombardeiros a atacarem quatro navios sucessivamente

② Bombardeiros-torpedeiros Kate do *Soryu*

③ Bombardeiros-torpedeiros Kate do *Hiryu*

④ Bombardeiros-torpedeiros Kate líderes do *Akagi* e do *Kaga*

⑤ Bombardeiros-torpedeiros de perseguição Kate do *Soryu* e do *Hiryu*

A GUERRA NO PACÍFICO 45

Expansão japonesa
Dezembro de 1941–Julho de 1942

- Império japonês, início de 1941
- Ocupado pelo Japão dezembro de 1941- julho de 1942
- China
- Ataque de porta-aviões a Pearl Harbor
- Operações ofensivas japonesas dezembro de 1941–março de 1942
- Limite aproximado japonês julho de 1942

Potências com colônias

- Inglaterra (colônias britânicas)
- Holanda
- França
- Portugal

PROGRESSO RÁPIDO

A expansão japonesa pelo Pacífico no início de 1942 foi notável tanto pelo alcance quanto pela velocidade. A resistência aos ataques do país se mostrou completamente inútil, pois o exército atropelava todos que atravessassem seu caminho. Com esses sucessos, veio a reputação da invencibilidade japonesa, que levaria muito tempo para ser destruída.

Mesmo enfrentando duas grandes potências mundiais, como eram a Inglaterra e os Estados Unidos, os japoneses conseguiram conquistar a Malásia, Singapura, Burma e as Filipinas com relativa facilidade, esmagando toda a resistência que encontravam. No início de verão de 1942, a Índia e a Austrália pareciam estar sob a ameaça de invasão, ao mesmo tempo em que o império holandês se fragmentava, pois os japoneses exploravam em benefício próprio o movimento nacionalista em Java.

Além de anexar essas importantes possessões, o avanço japonês se expandiu para incluir muitas ilhotas e atóis, relevantes apenas por sua posição ao longo do vasto Oceano Pacífico, de onde o país pretendia operar navios e aviões para garantir sua recém-adquirida hegemonia no mar.

Em meados de 1942, o cenário parecia preocupante para os Aliados — mas o momento da virada estava próximo.

Os ataques aéreos foram um sucesso completo, com quase 200 aeronaves destruídas e outras 160 danificadas. Apenas alguns aviões ficaram intactos, e a ameaça de interferência na ação foi praticamente extinta.

As aeronaves destinadas ao ataque dos navios encontraram uma exposição de alvos tentadores. Ao centro da enseada estava a ilha Ford, na qual os couraçados estavam enfileirados. O primeiro ataque foi conduzido por bombardeiros de alto nível, ao qual se seguiram os ataques de baixo nível por torpedores que se aproximaram da direção oposta. Com os navios ancorados tão próximos, não foi difícil para os soldados japoneses acertarem os alvos.

Em dez minutos do início do ataque, o navio americano *Arizona* tinha sido atingido por um torpedo e uma bomba. A bomba penetrou pelo casco e reduziu o navio a pedaços. O *West Virginia*, próximo ao Arizona, foi atingido por seis torpedos e afundou, e o *California* recebeu dois torpedos e começou a inundar. O capitão do *Nevada* conseguiu submergir, com a intenção de escapar, mas não teve tempo de fazer qualquer progresso antes que a segunda onda do ataque aéreo começasse.

O *California* foi atingido de novo e dessa vez afundou, enquanto o *Nevada* teve que ser levado até a praia para impedir que afundasse no meio do canal e o bloqueasse. Mas a segunda onda dos ataques encontrou as defesas americanas totalmente alertas agora, o que tornou a tarefa dos japoneses consideravelmente mais difícil. Por esse motivo, o almirante Nagumo decidiu não lançar o planejado terceiro ataque, e o

Acima: o couraçado norte-americano *Arizona* explode depois de ser atingido diretamente durante o ataque em Pearl Harbor. O ataque deu aos japoneses a iniciativa na campanha do Pacífico que se seguiu, mas nenhum porta-aviões foi atingido durante a ação — todos estavam fora do porto em 7 de dezembro —, fator que se mostraria de importância crucial para interromper a expansão japonesa.

último avião japonês foi recuperado por volta do meio dia. Nagumo então começou uma retirada a toda velocidade.

O ataque a Pearl Harbor foi devastador, mas não beneficiou o Japão tanto quanto o esperado. Apesar do sucesso em afundar vários navios de grande porte, nenhum porta-aviões estava ancorado, e esse seria um detalhe que se mostraria decisivo. Além disso, ao se concentrar em afundar os navios em vez de destruir as instalações em terra, os japoneses perderam a oportunidade de impossibilitar as operações navais americanas no Pacífico por meses. Quando as tarefas de rescaldo e recuperação foram completadas, os americanos conseguiram trazer Pearl Harbor de volta ao estado operacional rapidamente.

Como Yamamoto temia, em vez de dar um golpe certeiro nos americanos, Pearl Harbor serviu apenas para incitá-los e colocou o Japão no caminho de uma derrota arrasadora.

EXPANSÃO JAPONESA

O ataque a Pearl Harbor marcou o início da fase seguinte nos planos japoneses para a expansão. Vulnerável a sanções do Ocidente, o governo concluiu que a única maneira de garantir que o abastecimento do Japão não fosse afetado era adquirir territórios fontes de matérias-primas vitais. Embora a esquadra americana fosse reconhecida como o maior obstáculo para a campanha de conquista da Ásia, a remoção dos americanos do cenário não era a única ação necessária.

A Inglaterra e a Holanda tinham colônias fontes de matéria-prima: as Índias Orientais Holandesas eram uma grande produtora de petróleo, e a Malásia tinha uma produção de borracha de considerável importância. Além da relevância das matérias-primas, o governo japonês era influenciado pelos sentimentos de nacionalismo e orgulho do país — e um dos princípios desse sentimento era que o Japão deveria ser reconhecido como o poder líder no Pacífico.

Garantir que suprimentos de matérias-primas fossem facilmente acessíveis era um ponto importante, mas acabar com a administração colonial era outra prioridade que impulsionava os japoneses. Expulsar os norte-americanos, os ingleses e os holandeses dos territórios que eles controlavam seria uma articulação essencial para fortalecer o Japão. Dessa forma, não apenas os países com recursos naturais viraram alvos dos japoneses, mas também todos aqueles com importância geográfica para possibilitar que a Marinha Imperial Japonesa controlasse o Pacífico e as muitas ilhotas de seus oponentes.

Assim, Pearl Harbor não foi o marco de um ataque solitário contra as potências ocidentais, mas o começo do que tinha pretensões de ser uma breve guerra de conquistas. A teoria que suportava a ideia parecia ser sólida. A Inglaterra, ainda lutando sozinha contra alemães e italianos na Europa, no Mediterrâneo e no Norte da África, estava ocupada demais para lidar com um ataque japonês, enquanto as autoridades exiladas holandesas não pareciam estar em posição de conter qualquer ameaça a seus territórios. Por isso, o período que seguiu Pearl Harbor foi marcado por conquistas japonesas rápidas e aparentemente inevitáveis.

Enquanto as aeronaves de Nagumo ainda estavam sendo reparadas a bordo dos porta-aviões, outras unidades japonesas já atacavam a ilha de Luzon como abertura do plano de conquista das Filipinas (a ser completado em três meses); ao norte, soldados se moviam na já ocupada China na direção da colônia britânica de Hong Kong. Para completar o primeiro nível do plano, navios japoneses transportavam um exército para a Malásia com o objetivo de expulsar os ingleses antes de seguir para o norte a caminho de Burma (outra possessão britânica e fonte de petróleo).

Os japoneses tiveram sucesso em todos os lugares que atacaram. Uma atitude de desprezo em relação a um poder militar supostamente inferior e atrasado fez com que as forças inglesas, americanas e holandesas não estivessem equipadas à altura, e a noção de que os japoneses poderiam ser combatentes habilidosos na selva não tinha sequer sido considerada. Os resultados foram desastrosos para os Aliados. Em oito meses, o Japão expulsou a Inglaterra da Malásia, de Singapura e de Burma; os norte-americanos foram retirados das Filipinas e de seus territórios no Pacífico, e os holandeses foram completamente massacrados nas Índias Orientais Holandesas. Em junho de 1942, parecia quase inconcebível que o Japão pudesse ser parado no objetivo de se tornar o poder dominante no Pacífico.

INVASÃO DA MALÁSIA E DE SINGAPURA

Ao lado de Burma, a Malásia era o objetivo principal dos planos japoneses no fim de 1941. A conquista da Malásia daria ao Japão controle de 38% da produção mundial de borracha e de quase 60% da produção de estanho.

O comboio de invasão japonês já estava navegando antes mesmo do ataque a Pearl Harbor ter início e foi avistado por aviões ingleses de reconhecimento em 6 de dezembro de 1941. O tempo ruim impediu que os ingleses investigassem, e o grupo de invasão seguiu em frente, sem ser perturbado, até o desembarque dos soldados em 8 de dezembro, pouco depois da 01h. Os japoneses enfrentaram uma resistência implacável — e, para piorar a situação, muitos soldados se afogaram tentando chegar à praia. O primeiro comandante a alcançar a praia em segurança deu ordens para a tomada das posições britânicas, que se seguiu.

Com posições seguras estabelecidas, os japoneses começaram a forçar os ingleses a recuar. A conquista de um campo aéreo com a tomada de Singoran (Songkhla) pela 5ª Divisão fez com que os japoneses ganhassem superioridade aérea contra a mal-equipada Força Aérea Real (*Royal Air Force* — RAF). Com o apoio aéreo, o avanço continuou a progredir rapidamente. Quando o Japão invadiu Jitra, a situação para os ingleses se tornou extremamente séria, mesmo que eles ainda detivessem a maior parte da Malásia. Enquanto o ânimo inglês decaía, os japoneses seguiam em frente, movendo-se rápido pela floresta malaia, até que, no início de janeiro de 1942, o comandante inglês, general Percival, percebeu que a situação estava se tornando irreversível. Em 31 de janeiro, as forças inglesas sobreviventes se retiraram para Singapura.

Invasão da Malásia
8 de dezembro de 1941 – 31 de janeiro de 1942

Legenda:
- Avanço japonês
- 'Linhas de parada' inglesas
- Posições fortes inglesas
- Recuo inglês
- Campos de minas
- Inglaterra
- Holanda
- França
- Neutro

SIÃO (TAILÂNDIA), Laos, INDOCHINA FRANCESA, BURMA, Camboja

Mar de Andaman, Mergui, Arquipélago de Mergui, Baía de Victoria, Kra, Chumphon, Prachuabkhirikun, Bangcoc, Golfo de Bangcoc, Chantaburi, Tonle Sap, Phnom-Penh, Kampot, Rach-gia, Ca-mau, Cabo Camboja, Saigon, Conchinchina

Golfo do Sião, Mar da China Meridional

Phuket, Krabi, Kan Tang, Pakbanang, Nakawn Sritamarat, Phatthalung, Songkhia, Haadyai, Kangar, Patani, Kota Baharu, Sungei Petani, Jitra, Keruh, Gerik, Kuala Kerai, George Town, Butterworth, Kuala Terengganu, Taiping, Ipoh, Kampar, Kuala Lipis, Terolak, Jerantut, Dungun, Kuala Lumpur, Endau, Mersing, Jemaluang, Tioman, Ilhas Anamba, Singapura

Estreito de Málaca, Sumatra, ÍNDIAS ORIENTAIS HOLANDESAS

Anotações no mapa:
- Desembarques 8 de dezembro
- 09h05 de 8/12 Ponto de encontro de 28 navios e comboios
- YAMASHITA
- DESTACAMENTO TAKUMI
- Desembarques 8 de dezembro
- Rota proposta da Força Z
- 26 de dezembro
- 19 de dezembro
- 28 de dezembro
- 10 de janeiro
- 30 de dezembro
- 25 de dezembro
- Força de ataque aéreo japonesa
- Unidades navais japonesas partem em 5/12
- Unidades navais japonesas
- 18h35 de 9/12 Destróier Tenedos enviado para Singapura
- 12h33 de 10/12 Repulse é afundado
- 13h20 de 10/12 Prince of Wales é afundado
- 10h de 10/12 Destróier Tenedos é bombardeado
- 17h35 de 8/12 Força Z começa a navegar
- Singapura Atacada em 1/02 Rende-se em 15/02

50 SEGUNDA GUERRA MUNDIAL

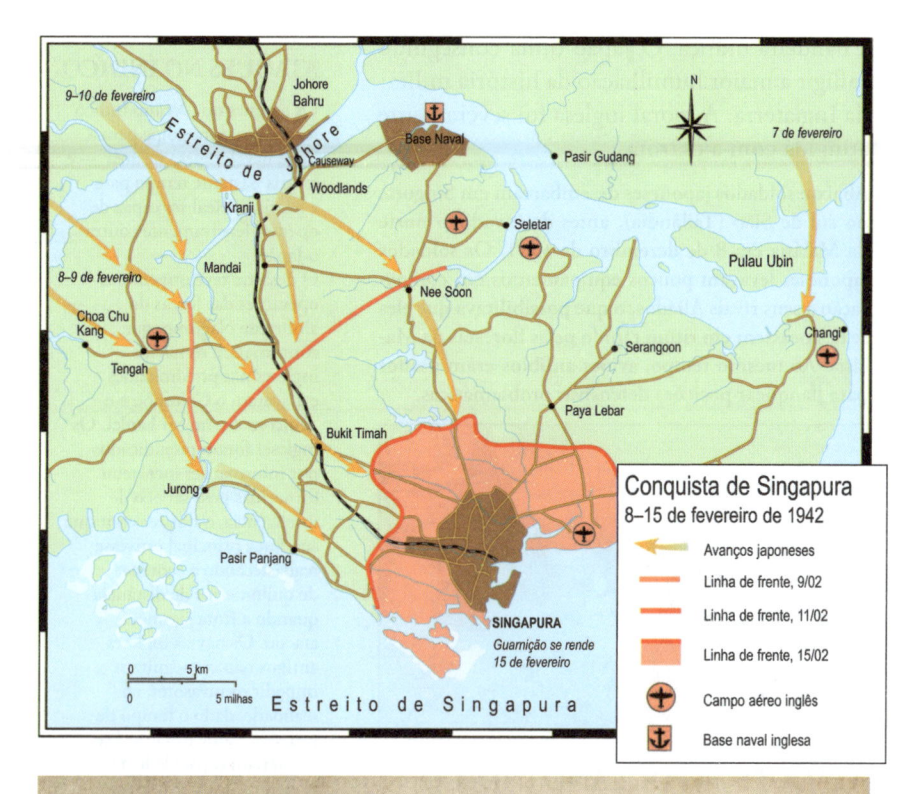

Conquista de Singapura
8–15 de fevereiro de 1942

- Avanços japoneses
- Linha de frente, 9/02
- Linha de frente, 11/02
- Linha de frente, 15/02
- Campo aéreo inglês
- Base naval inglesa

DESASTRE INGLÊS

A invasão japonesa da Malásia e de Singapura foi muito facilitada pela complacência da parte dos ingleses. O Japão foi completamente subestimado como oponente em potencial, com pouca consideração dada às reais capacidades japonesas. Assim, não se tomaram precauções para lidar com uma possível invasão, e as forças da Malásia não tinham prioridade no equipamento. No caso dos aviões, modelos americanos Brewster Buffalo eram enviados para o território, com o pensamento de que, por mais que fossem considerados obsoletos na Europa, eles ainda seriam melhores do que qualquer aeronave japonesa — uma falácia exposta assim que o combate de verdade teve início.

Depois que os japoneses estabeleceram posições seguras na Malásia, seu avanço foi inexorável. Os ingleses foram forçados a recuar enquanto os japoneses seguiam pelos lados oeste e leste da península, com cada posição defensiva sendo flanqueada por novos desembarques ao sul. Para piorar, o Japão conquistou supremacia marítima quando afundou dois couraçados ingleses desprotegidos, *Prince of Wales* e *Repulse*. Os soldados ingleses sobreviventes recuaram até Singapura, mas os japoneses conseguiram cruzar os Estreitos de Johor e cercaram a guarnição. O general Percival escolheu se render em 15 de fevereiro de 1941.

Singapura era uma grande fortaleza, mas tinha sido construída para impedir ataques por mar, não por terra. Os japoneses cruzaram com facilidade os Estreitos de Johor até a ilha, e os ingleses mais uma vez foram obrigados a recuar. Em 13 de fevereiro, cerca de 80.000 homens estavam encurralados na cidade, e Percival começou a considerar a rendição. Dois dias depois, ele levantou a bandeira branca. O Japão tinha conseguido infligir a maior humilhação da história militar da Inglaterra. A moral inglesa foi severamente atingida com a derrota.

Abaixo: soldados japoneses desembarcam em Singora, no sul de Sião (Tailândia), antes de invadir o norte da Malásia em 8 de dezembro de 1941. Os soldados japoneses levavam poucos equipamentos em comparação a seus rivais Aliados, o que possibilitava que eles se deslocassem em ritmo rápido pelas florestas da Malásia. Ao mesmo tempo, aviões-anfíbios eram usados para flanquear posições defensivas problemáticas.

ATAQUES NO OCEANO ÍNDICO

Não foi apenas contra a esquadra norte-americana que as forças do almirante Nagumo tiveram considerável sucesso no início da guerra no Pacífico. Três meses depois da Operação Havaí, Nagumo causou um golpe similar à Marinha Real Britânica em um ataque no Oceano Índico.

Em 19 de fevereiro de 1942, quatro dos porta-aviões de Nagumo iniciaram uma operação contra Darwin e Broome no noroeste da Austrália, afundando uma dúzia de navios e danificando seriamente as instalações da base e as próprias cidades, tudo ao custo da perda de apenas uma aeronave. A ação foi seguida por um descanso de quatro semanas enquanto navios e tripulações se preparavam para a próxima missão. Em 26 de fevereiro, os porta-aviões começaram a navegar pelo Oceano Índico.

O Oceano Índico era uma fonte de considerável preocupação para os ingleses. A Marinha Real

ATAQUES NO ÍNDICO

Os ataques no Oceano Índico foram um duro golpe para a força naval inglesa na área — e levaria bastante tempo para a Marinha Real ser capaz de operar ofensivamente contra o Japão.

O desastre teve origem nas operações das forças do almirante Nagumo, que contornaram os navios ingleses nas proximidades e atacaram o Colombo e o Trincomalee no Sri Lanka. Os ingleses foram prejudicados por informações incorretas fornecidas pelo serviço de inteligência, o que fez com que sua força principal estivesse reabastecendo a centenas de quilômetros de distância quando a frota japonesa atacou. Os navios ingleses antigos não conseguiram impedir os invasores; na realidade, dado o tempo de uso, é bastante discutível se eles teriam capacidade de impedir a ação, considerando sua vulnerabilidade em relação ao impressionante poder naval e aéreo dos porta-aviões japoneses.

No ataque, os desgastados cruzadores Dorsetshire e Cornwall foram afundados em 5 de abril, enquanto o porta-aviões Hermes, sem qualquer avião a bordo, foi afundado quatro dias depois no percurso de volta de Trincomalee. Surpreendido pelas aeronaves japonesas e totalmente sem defesas, o porta-aviões foi afundado em questão de minutos.

Durante os ataques no Oceano Índico, os japoneses foram consistentemente superiores à Marinha Real, demonstrando o equívoco da crença pré-guerra de que uma força pequena com navios obsoletos seria suficiente para deter superioridade sobre a marinha japonesa.

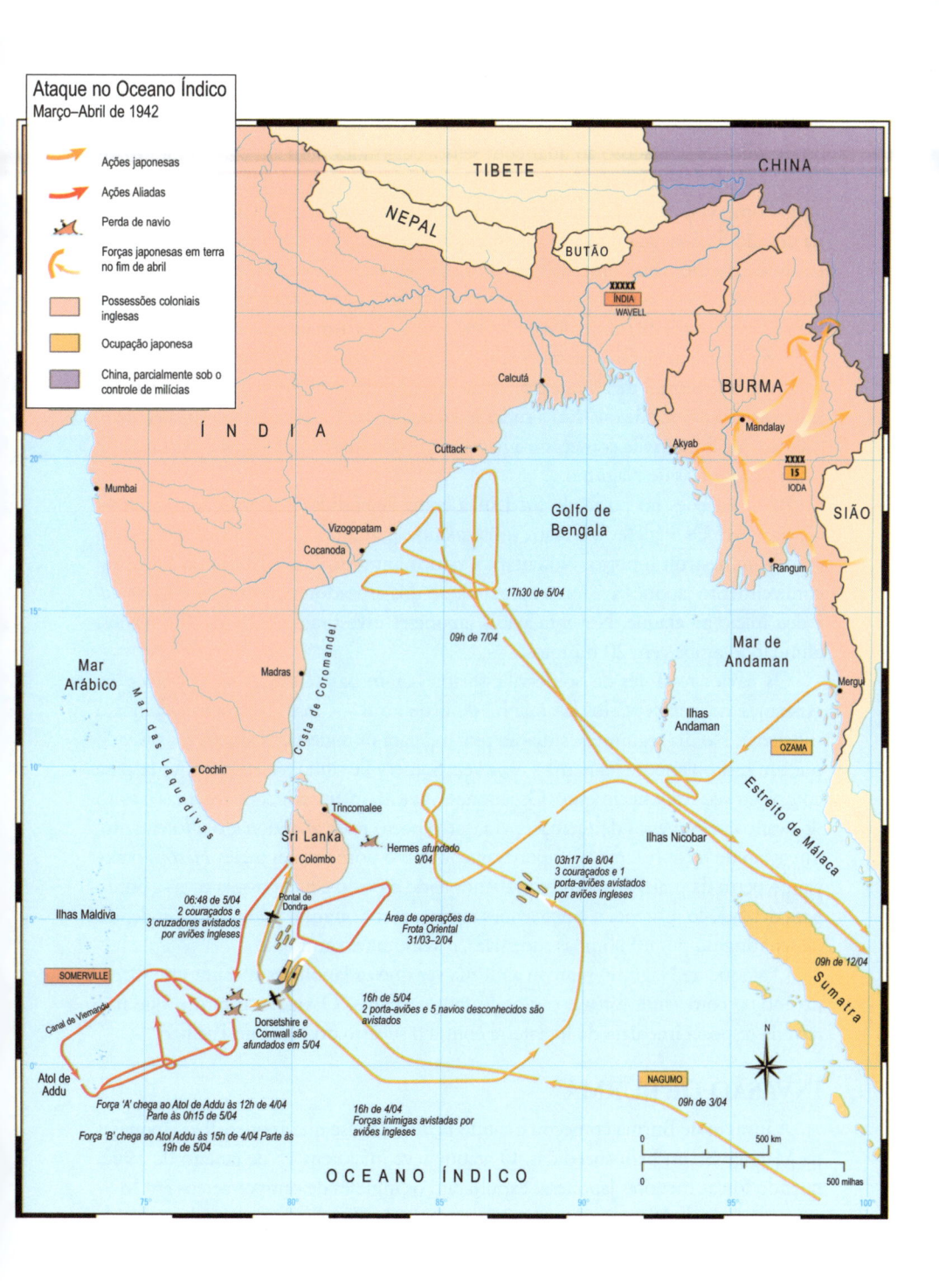

Ataque no Oceano Índico
Março–Abril de 1942

- Ações japonesas
- Ações Aliadas
- Perda de navio
- Forças japonesas em terra no fim de abril
- Possessões coloniais inglesas
- Ocupação japonesa
- China, parcialmente sob o controle de milícias

TIBETE • NEPAL • BUTÃO • CHINA • ÍNDIA • WAVELL • BURMA • Mandalay • Akyap • IODA • SIÃO • Rangum

Calcutá • Cuttack • Golfo de Bengala • 17h30 de 5/04 • 09h de 7/04 • Mar de Andaman • Mergui

Mumbai • Vizogopatam • Cocanoda • Madras • Costa de Coromandel • Ilhas Andaman • OZAMA • Estreito de Málaca

Mar Arábico • Mar das Laquedivas • Cochin • Trincomalee • Sri Lanka • Hermes afundado 9/04 • Ilhas Nicobar • 03h17 de 8/04 3 couraçados e 1 porta-aviões avistados por aviões ingleses

06h48 de 5/04 2 couraçados e 3 cruzadores avistados por aviões ingleses • Colombo • Pontal de Dondra • Área de operações da Frota Oriental 31/03–2/04

Ilhas Maldiva • SOMERVILLE • Dorsetshire e Cornwall são afundados em 5/04 • 16h de 5/04 2 porta-aviões e 5 navios desconhecidos são avistados • 09h de 12/04 • Sumatra

Canal de Vemandu • Atol de Addu • 16h de 4/04 Forças inimigas avistadas por aviões ingleses • NAGUMO • 09h de 3/04

Força 'A' chega ao Atol de Addu às 12h de 4/04 Parte às 0h15 de 5/04
Força 'B' chega ao Atol Addu às 15h de 4/04 Parte às 19h de 5/04

OCEANO ÍNDICO

A GUERRA NO PACÍFICO 53

tinha cinco couraçados e três porta-aviões na área, mas um dos porta-aviões estava obsoleto e quatro couraçados eram antigos e não chegariam perto do que quer que os japoneses usassem no ataque. O comandante da força inglesa, almirante Sir James Somerville, foi cuidadoso ao lidar com seus recursos, levando em conta as informações do serviço de inteligência de um ataque japonês contra o Sri Lanka no início de abril. Somerville manteve sua força avançando para o oeste na luz do dia e seguindo na direção da esperada linha de aproximação japonesa durante a noite.

Infelizmente para Somerville, as informações estavam erradas. Na tarde do dia 2 de abril de 1942, a maior parte de seus navios precisava reabastecer. Eles seguiram para a base no atol de Addu, deixando dois cruzadores, um destróier e o porta-aviões *Hermes* seguir para o Sri Lanka. Assim que os primeiros navios de Somerville chegaram a Addu, em 4 de abril, ele recebeu a notícia de que a frota de Nagumo tinha sido avistada a cerca de 640 km a sudeste da ilha. O Sri Lanka estava desprotegido e, mesmo que Somerville começasse a navegar imediatamente, não havia esperança de alcançar as forças de Nagumo.

As instalações no porto do Sri Lanka eram defendidas por artilharia antiaérea e pela RAF. Os ingleses sofreram uma taxa de perda de 50%, mas o ataque não conseguiu destruir o porto. No entanto, pouco antes do meio-dia, um avião de reconhecimento japonês avistou a aproximação dos cruzadores *Dorsetshire* e *Cornwall* e deu início ao ataque. Noventa aviões japoneses investiram contra os dois navios, afundando ambos em 20 minutos.

Os navios restantes de Somerville se apressaram para alcançar os japoneses, na esperança de interceptá-los na manhã de 6 de abril — mas não foram rápidos o suficiente. No dia seguinte, a situação pioraria para os ingleses. Nagumo foi avistado por um hidroplano inglês e, mais uma vez, Somerville tinha retornado a Addu para completar seu reabastecimento. Os japoneses atacaram em Trincomalee, mas o aviso do avanço pelo menos deu tempo para que o porto fosse abandonado. No entanto, um avião de reconhecimento japonês encontrou o porta-aviões inglês *Hermes* navegando perto da praia. *Hermes* tinha abandonado o porto e não possuía caças a bordo para defendê-lo. Oitenta e cinco aviões japoneses rodearam o porta-aviões e, depois de ser atingido por 40 bombas sucessivas, o velho navio afundou.

O ataque de Nagumo marcou a última vez que os japoneses entraram no Oceano Índico com tanta força e causando tantos efeitos. O ataque garantiu que não haveria resposta imediata da Inglaterra contra o sucesso do Japão no Pacífico.

INVASÃO DE BURMA

A invasão de Burma começou quando ficou evidente que as operações japonesas na Malásia seriam bem-sucedidas. O ataque teve início em 15 de janeiro de 1942, quando forças menores japonesas expulsaram os ingleses de campos aéreos em Mergui e na baía de Victoria. A guarnição na baía de Victoria já tinha sido reduzida durante o mês anterior, e Mergui foi cercada três dias depois, com os soldados sendo evacuados pelo mar. No espaço de uma semana, os japoneses ganharam dois importantes campos aéreos sem virtualmente custo algum, permitindo o bombardeio da capital de Burma, Rangum, com facilidade.

Depois da conquista desses campos aéreos, o 15º Exército japonês (do Tenente-general Iida) avançou da China e do Sião para Moulmein, com o objetivo de contornar o Golfo de Martaban, atravessar o rio Sittan e invadir Rangum. O plano japonês previa a conquista completa em oito semanas e tinha uma boa chance de sucesso, já que havia poucos obstáculos no caminho. Os ingleses, comandados pelo recém-nomeado Tenente-general T. J. Hutton e liderados no campo pelo major-general John Smyth VC, estavam mal equipados. Nenhum dos seus soldados recebera treinamento para batalhas e sobrevivência na selva, e muitas das formações de Smyth haviam perdido seus oficiais juniores e oficiais menores, enviados para reforçar as unidades do exército indiano na África do Norte. Para piorar, a cobertura aérea era praticamente não-existente.

Smyth sabia que a defesa seria extremamente difícil com as forças limitadas que tinha à disposição e sugeriu que o único meio de bloquear os japoneses seria confrontá-los em campo aberto ao redor do rio Sittan, com a intenção de pará-los por lá. Hutton não concordou e não deu permissão para que Smyth concentrasse suas forças atrás da barreira oferecida pelo rio.

Acima: um oficial japonês a cavalo acompanha seus homens durante a invasão de Burma, com um pagode (santuário de orações de vários andares construído sob a forma de pirâmide) visível ao fundo. Assim como na Malásia, o rápido avanço dos japoneses surpreendeu os ingleses, que não conseguiram reagir a tempo de evitar a conquista do país. A perda de Burma levou os soldados japoneses até a fronteira da Índia, a joia do império britânico.

Invasão japonesa de Burma
janeiro-maio de 1942

> **RUMO A BURMA**
>
> A campanha japonesa em Burma aumentou o choque da Inglaterra diante da inesperada capacidade de um inimigo que tinha sido constantemente subestimado na preparação para a guerra. O ataque explorou a falta de preparação das forças inglesas, que tinham níveis inadequados de treinamento e eram inexperientes, tornando a tarefa dos defensores ainda mais difícil.
>
> A invasão começou em 15 de janeiro de 1942, com uma ação de escala menor, pois os japoneses queriam primeiro conquistar bases aéreas das quais pudessem atacar a capital do país, Rangum.
>
> Quando os soldados japoneses atacaram com força total, não havia muito que os ingleses pudessem fazer para pará-los. A confusão no alto comando fez com que um plano defensivo viável proposto pelo comandante-de-campo (o major-general Sir John Smyth VC) fosse rejeitado até que sua natureza sólida ficasse evidente pelas ações do inimigo. O plano foi aprovado, mas já era tarde demais, e o inexorável avanço japonês conquistou Rangum em 8 de março.
>
> Ao fim de abril, a posição inglesa em Burma tinha se tornado insustentável, e os soldados se retiraram para a Índia, deixando os vitoriosos japoneses para trás. A derrota em Burma não foi apenas uma humilhação para o prestígio inglês, mas também favoreceu os japoneses com uma (falsa) aura de invencibilidade em batalhas na selva, que levaria bastante tempo para ser superada.

Smyth fez o que pôde, mas sofreu um imediato revés quando as forças da 16ª Brigada Indiana chegaram da retirada de Tavoy e Mergui, tendo deixado para trás suas armas de apoio e todos os seus meios de transporte. Em 26 de janeiro, os japoneses atacaram Moulmein e, dois dias depois, mais uma evacuação por mar foi conduzida para retirar os soldados ingleses. Smyth solicitou outra vez permissão para montar a defesa ao longo do rio Sittang, mas continuou a ouvir recusas até o dia 19 de fevereiro, quando já era tarde demais.

A pressão japonesa na área ao redor da ponte cresceu e explodiu em 23 de fevereiro. As forças inglesas se retiraram, o que fez o número de soldados disponível para defender Rangum ser dramaticamente reduzido. Rangum caiu em 8 de março, e a cada dia mais os ingleses recuavam na direção da Índia. Burma Central estava sob o controle japonês ao fim de abril, e, em 2 de maio, os últimos soldados ingleses cruzaram o rio Irrawaddy a caminho da segurança. Levaria algum tempo para que eles retornassem.

INVASÃO DAS FILIPINAS

Forças americanas e filipinas eram englobadas em uma estrutura de comando unificada em julho de 1941, liderada pelo general Douglas MacArthur. A principal tarefa das forças nas Filipinas era lidar com a inquietação interna, então foi uma grande surpresa a chegada das informações sobre o ataque a Pearl Harbor na manhã de 9 de dezembro de 1941 (como as Filipinas e Pearl Harbor são separados por cinco zonas horárias, isso significava que era a manhã de 8 de dezembro em Pearl Harbor). O comandante das forças aéreas americanas nas Filipinas, general Brereton, pediu permissão a MacArthur para bombardear campos aéreos japoneses em Formosa, mas, enquanto o pedido era processado, ele tomou a iniciativa de ordenar que seus bombardeiros B-17 decolassem, para que não fossem surpreendidos em terra por ataques-supresas japoneses.

Invasão japonesa das Filipinas
8 de dezembro de 1941 – junho de 1942

58 SEGUNDA GUERRA MUNDIAL

AVANÇO PARA MANILA

A invasão japonesa nas Filipinas foi rápida e brutal, favorecida pelo fato de que as forças de oposição eram relativamente fracas e mal-equipadas. Havia cerca de 31.000 soldados para defender as ilhas, dos quais cerca de 19.000 eram norte-americanos, além de quase 100.000 recrutas. Os ataques japoneses contra alvos-chave no início de dezembro impediram que MacArthur utilizasse apoio aéreo contra o inimigo. Um grande número de aeronaves estava desprotegido na base aérea de Clark, e os resultados do ataque japonês foram arrasadores. Os poucos aviões que sobraram eram completamente ultrapassados e, embora seus pilotos lutassem bravamente, foram massacrados.
Os primeiros pousos japoneses foram de baixa escala, para conquistar bases aéreas que dessem apoio ao ataque principal, ao que se seguiu a conquista da ilha de Mindanao, ao sul, proporcionando uma base para ajudar na cobertura dos ataques que seguiriam contra as Índias Orientais Holandesas.
Os principais desembarques japoneses ocorreram em 22 de dezembro de 1941, e os soldados logo ganharam terreno contra o apenas parcialmente treinado exército filipino, forçando a decisão de MacArthur de anunciar a retirada para a península de Bataan e para a ilha Corregidor antes que suas forças fossem esmagadas entre as duas frentes japonesas. Ele declarou Manila uma cidade aberta em 26 de dezembro, escolhendo não defendê-la.

Infelizmente para os americanos, o ataque contra Formosa foi impedido pela neblina e, quando os B-17s voltaram à base para reabastecimento e rearmamento, com a intenção de se preparar para um novo (e agora aprovado) ataque a Formosa, as aeronaves japonesas já tinham levantado voo. Mais de 200 aviões japoneses atacaram a base americana no campo de Clark, destruindo-a completamente durante a ação aérea.

Os B-17s, cuidadosamente alinhados em campo aberto para reabastecimento, foram alvos fáceis. Na tarde do dia 9 de dezembro, mais de cem aviões americanos (incluindo 17 bombardeiros e mais de 50 caças) foram destruídos. Foi um golpe sério, pois os planos de MacArthur para defender as Filipinas eram baseados na premissa de que suas forças aguentariam a batalha até que a frota americana do Pacífico viesse para o resgate. Sem frota e com a força aérea bastante reduzida, ficou evidente desde o início que o plano enfrentaria dificuldades.

Acima: prisioneiros norte-americanos em Corregidor descem para os barcos que iriam transferi-los para Bataan enquanto os soldados japoneses sobem para a guarnição na fortaleza em 7 de maio de 1942. Muitos prisioneiros americanos não resistiriam à infame 'Marcha da Morte' por Bataan até a prisão. A cultura guerreira japonesa via a rendição como uma desonra e, por isso, os prisioneiros Aliados foram tratados duramente.

Os primeiros desembarques japoneses em Luzon aconteceram em 10 de dezembro, com o objetivo de conquistar campos aéreos. Esses soldados então seguiram para o sul, com a intenção de se juntar às unidades que se encarregariam do ataque principal. Eles desembarcaram no sul em 22 de dezembro. No dia seguinte, as forças da invasão já estavam estabelecidas e avançaram, encontrando pouca oposição no caminho. Em 24 de dezembro, mais desembarques foram realizados no istmo sul de Manila, ao redor de Siain e Mauban.

MacArthur começou a perceber que a situação de suas forças era desesperadora; um dia antes da segunda onda de desembarques, ele decidiu a retirada para a ilha Corregidor, na intenção de defender a península de Bataan. Antes de partir, ele declarou Manila uma cidade-aberta e seguiu para Corregidor enquanto as posições americanas e filipinas desmoronavam.

No entanto, a vitória japonesa não foi iminente. Muitos soldados japoneses acabaram vítimas de doenças tropicais e isso, aliado às sólidas posições defensivas americanas, fez com que houvesse uma trégua na luta até abril. Quando a batalha recomeçou, MacArthur tinha recebido ordens de voltar aos Estados Unidos, partindo com sua memorável

AVANÇO PARA MANILA

A invasão japonesa nas Filipinas foi rápida e brutal, favorecida pelo fato de que as forças de oposição eram relativamente fracas e mal-equipadas. Havia cerca de 31.000 soldados para defender as ilhas, dos quais cerca de 19.000 eram norte-americanos, além de quase 100.000 recrutas. Os ataques japoneses contra alvos-chave no início de dezembro impediram que MacArthur utilizasse apoio aéreo contra o inimigo. Um grande número de aeronaves estava desprotegido na base aérea de Clark, e os resultados do ataque japonês foram arrasadores. Os poucos aviões que sobraram eram completamente ultrapassados e, embora seus pilotos lutassem bravamente, foram massacrados.

Os primeiros pousos japoneses foram de baixa escala, para conquistar bases aéreas que dessem apoio ao ataque principal, ao que se seguiu a conquista da ilha de Mindanao, ao sul, proporcionando uma base para ajudar na cobertura dos ataques que seguiriam contra as Índias Orientais Holandesas.

Os principais desembarques japoneses ocorreram em 22 de dezembro de 1941, e os soldados logo ganharam terreno contra o apenas parcialmente treinado exército filipino, forçando a decisão de MacArthur de anunciar a retirada para a península de Bataan e para a ilha Corregidor antes que suas forças fossem esmagadas entre as duas frentes japonesas. Ele declarou Manila uma cidade aberta em 26 de dezembro, escolhendo não defendê-la.

Bataan e Corregidor

A GUERRA NO PACÍFICO   61

QUEDA DO IMPÉRIO HOLANDÊS

A força de invasão japonesa para as Índias Orientais Holandesas (dividida em Forças do Leste e do Oeste) deixou a ancoragem de Davo em 7 janeiro de 1942. A Força do Leste deveria tomar as ilhas de Ceram, Ambon, Timor, Célebes, Makassar e Bali; a Força Central conquistaria pontos-chave no litoral da ilha do Bornéu; a Força do Oeste tomaria Sumatra.

O ritmo do avanço japonês era assustador, com a resistência Aliada se mostrando quase fútil diante das grandiosas forças aéreas, por terra e mar do Japão. Os holandeses não recrutaram a população indígena das Índias Orientais como força de resistência e, dessa forma, perderam a oportunidade de causar mais problemas aos japoneses: a ação teria dado considerável ímpeto ao movimento nacionalista nas Índias Orientais Holandesas após o fim da guerra.

Os esforços Aliados para interromper a operação eram na sua maioria conduzidos pelo mar, mas as ações se mostraram de pouca ameaça aos japoneses. Mesmo um ataque-surpresa noturno por torpedeiros e destróieres nos Estreitos de Lombok na noite de 19 para 20 de fevereiro de 1942 não causou nenhuma inconveniência séria aos invasores. Em uma semana, estava evidente que as posições Aliadas eram insustentáveis. Os sobreviventes das forças Aliadas tentaram alcançar a Austrália em uma variedade de embarcações, alguns com sucesso, outros se afogando ou sendo capturados. O governador-geral holandês abriu negociações com o Japão em 7 de março e se rendeu no dia seguinte.

mensagem de 'Eu voltarei' em 8 de março. Bataan caiu em 9 de abril, restando apenas Corregidor. Os japoneses não tiveram pressa, aproveitando para reduzir as posições defensivas por meio da artilharia. Depois de quase cinco semanas de bombardeios preparatórios, o ataque aconteceu em 5 de maio, e os americanos sobreviventes se renderam no dia seguinte. A conquista das Filipinas estava completa.

AS ÍNDIAS ORIENTAIS HOLANDESAS

Com grande riqueza de recursos naturais, especialmente petróleo, as Índias Orientais Holandesas eram um alvo extremamente tentador para o Japão. Os soldados desembarcaram na costa de Sarawak no dia 16 de dezembro, e, no início de janeiro, estava claro para os comandos americano, inglês, holandês e australiano (ABDA) que uma invasão a toda força da colônia era iminente.

Os japoneses dividiram suas forças de invasão em Forças do Leste, Oeste e Central, com a ideia de que elas iriam — como indicado pelos nomes — atacar as Índias

A GUERRA NO PACÍFICO 63

Orientais Holandesas pelos lados leste e oeste. O conceito por trás do plano era elegantemente simples, com os japoneses conquistando terreno, consolidando rapidamente a conquista e então seguindo para o próximo objetivo. A Força Leste atacou primeiro, conquistando Célebes e depois Ambon, Timor e Bali. Os defensores no Timor se dispersaram e conduziram uma campanha de guerrilha contra os invasores por mais de um ano antes que o último membro do grupo fosse morto, mas em todos os outros lugares os japoneses encontraram poucos obstáculos. Um esforço naval Aliado nos Estreitos de Lombok na noite de 19 para 20 de fevereiro surpreendeu os japoneses, mas foi derrotado e apenas atrasou em algumas horas a ofensiva.

A Força do Leste chegou a Java em 1º de março, junto com a Força do Oeste, que tinha conquistado Sumatra no caminho, e a Força Central, que tomou áreas costeiras importantes na ilha do Bornéu. A chegada foi precedida pela Batalha do Mar de Java, na qual as forças Aliadas tentaram parar os japoneses, mas foram completamente derrotadas, restando apenas quatro navios de sua frota. Em grande desvantagem numérica, estava claro que não havia chance para as forças Aliadas restantes em Java.

Quando os japoneses exigiram falar com os comandantes holandeses locais em 7 de março, deixaram claro que iriam trazer a capital javanesa abaixo se a rendição não viesse logo. Sem alternativa, as forças Aliadas restantes nas Índias Orientais se renderam no dia seguinte.

MAR CORAL

Depois da série de vitórias japonesas no Pacífico, os americanos orquestraram um ataque ousado de bombardeiros B-25, que decolaram do porta-aviões americano *Hornet* em 18 de abril de 1942. O ataque causou poucos danos, mas levantou a moral nos Estados Unidos e deu ao país um herói imediato na forma do líder do ataque, Coronel Jimmy Doolittle. O ataque de Doolittle foi um choque para o alto comando japonês, que decidiu que era necessário estender o perímetro defensivo para impedir uma recorrência. Para isso, decidiram conduzir um ataque anfíbio a Port Moresby, em Papua. A ação levou à Batalha do Mar Coral.

Sabendo do ataque de antemão depois de quebrar os códigos navais japoneses, os americanos posicionaram dois porta-aviões contra a força japonesa. A primeira ação veio quando uma base de hidroplanos japonesa foi atacada por um avião norte-americano saído do Yorktown em 4 de maio de 1942; três dias depois, um ataque aéreo afundou o porta-aviões japonês Shoho. Com os dois lados agora cientes da posição do outro, uma grande batalha se seguiu no dia 8 de maio, quando os americanos perderam o porta-aviões *Lexington* e o destróier *Sims*. Os japoneses perderam vários aviões e suas valiosas tripulações e foram forçados a cancelar a invasão de Port Moresby. A batalha foi a primeira vitória estratégica dos americanos no Pacífico, ainda que tecnicamente o resultado fosse um empate.

MIDWAY

Mesmo que o plano japonês de invadir Port Moresby tivesse falhado por causa da Batalha do Mar Coral, o almirante Yamamoto não estava preocupado. O porta-aviões norte-americano Lexington tinha sido afundado na batalha, e o *Yorktown* fora danificado. Yamamoto tinha motivos para acreditar que o *Yorktown* ficaria fora de ação por muitos meses, enquanto os dois porta-aviões restantes (*Enterprise* e *Hornet*) provavelmente estavam no sul do Pacífico. Esses fatores sugeriam que a frota americana estaria vulnerável de tal modo que atrair os navios americanos restantes para a batalha poderia ser uma ação decisiva. Yamamoto propôs assegurar essa batalha com o lançamento de uma invasão da ilha Midway — considerando que seria impossível que os norte-americanos não reagissem, e assim os aviões e couraçados japoneses destruiriam o que restava do poder naval americano no Pacífico.

Infelizmente para Yamamoto, o *Yorktown* não estava tão danificado quanto ele imaginou. Os grandes esforços em Pearl Harbor fizeram com que o porta-aviões estivesse pronto para voltar ao mar em um período de tempo muito mais curto do que se acreditaria ser possível. Além disso, a quebra do código japonês deu ao comandante americano, almirante Chester Nimitz, um alerta adiantado do plano de Yamamoto. Ele mandou a Força-Tarefa 16 (do Contra-almirante Spruance) e Força-Tarefa 17 (do Contra-almirante Fletcher) para o norte de Midway, onde eles esperaram a chegada dos japoneses. Contrariando as expectativas japonesas, os três porta-aviões que Yamamoto tinha descartado estavam presentes, esperando por sua oportunidade.

Abaixo: o porta-aviões norte-americano Yorktown visto durante a Batalha de Midway depois de ser atingido por três bombas japonesas enquanto as equipes contra danos e incêndio tentam reparar os estragos. Uma das bombas entrou pela chaminé e explodiu todas as caldeiras da embarcação, com exceção de uma. Pouco depois que essa fotografia foi tirada, o navio foi atingido por torpedos de uma segunda onda de ataques japonês e, dois dias depois, foi afundado por um submarino japonês I-168.

REVIRAVOLTA

A Batalha de Midway foi uma das mais decisivas da guerra do Pacífico, mesmo que na época não tenha sido reconhecida dessa forma. A aviação naval japonesa sofreu um grande golpe, do qual foi incapaz de se recuperar, perdendo quatro preciosos porta-aviões e — ainda mais importante — um grande número de pilotos experientes, muitos dos quais tinham participado do ataque a Pearl Harbor.

O ponto-chave da batalha foi o fato de que o serviço de inteligência norte-americana conseguiu fornecer ao almirante Nimitz um panorama completo das intenções japonesas para o ataque da ilha Midway, permitindo que ele empregasse suas forças apropriadamente. Seu oponente, almirante Yamamoto, acreditava que não haveria porta-aviões disponíveis para proteger Midway, mas, por garantia, lançou um ataque para desviar as atenções contra as ilhas Aleutas, próximas do Alasca.

Os ataques aéreos japoneses contra Midway na manhã de 4 de junho de 1942 marcaram o início da batalha. Os ataques foram bem-sucedidos, mas os japoneses perceberam que as coisas não corriam como o planejado quando torpedeiros americanos dos porta-aviões Enterprise, Hornet e Yorktown atacaram sua frota. O ataque americano não atingiu a força de invasão japonesa, mas serviu de alerta de que havia porta-aviões inimigos na área.

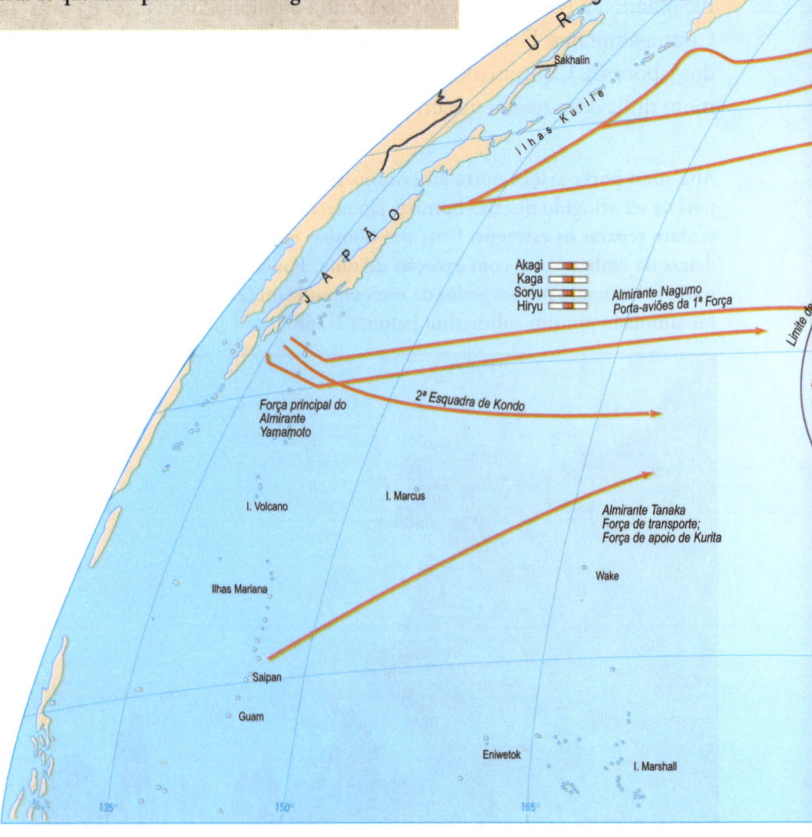

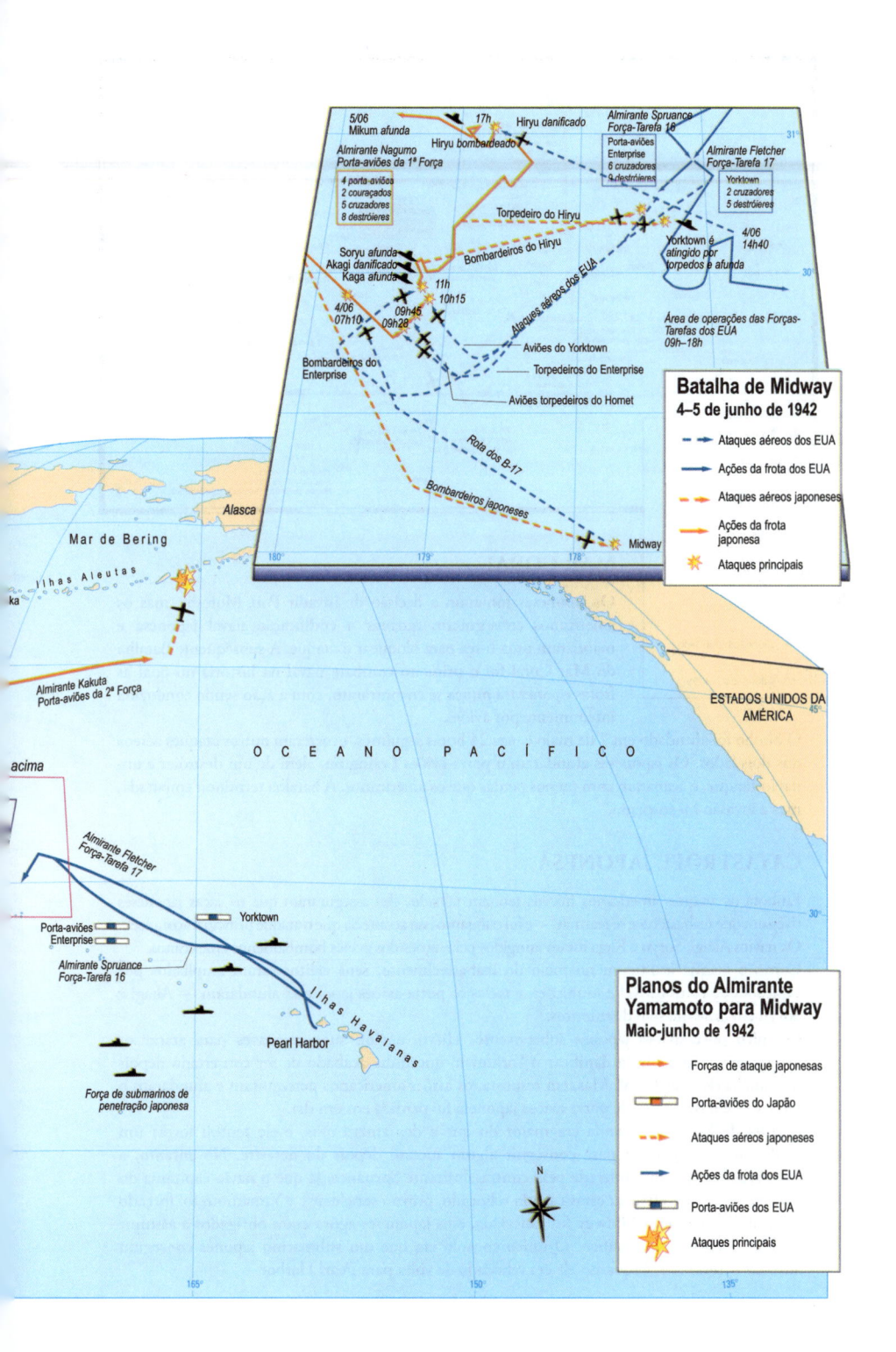

Batalha de Midway
4–5 de junho de 1942

- - - ▶ Ataques aéreos dos EUA
— ▶ Ações da frota dos EUA
- - - ▶ Ataques aéreos japoneses
— ▶ Ações da frota japonesa
✶ Ataques principais

Planos do Almirante Yamamoto para Midway
Maio-junho de 1942

— ▶ Forças de ataque japonesas
▬ Porta-aviões do Japão
- - - ▶ Ataques aéreos japoneses
— ▶ Ações da frota dos EUA
▬ Porta-aviões dos EUA
✶ Ataques principais

A GUERRA NO PACÍFICO 67

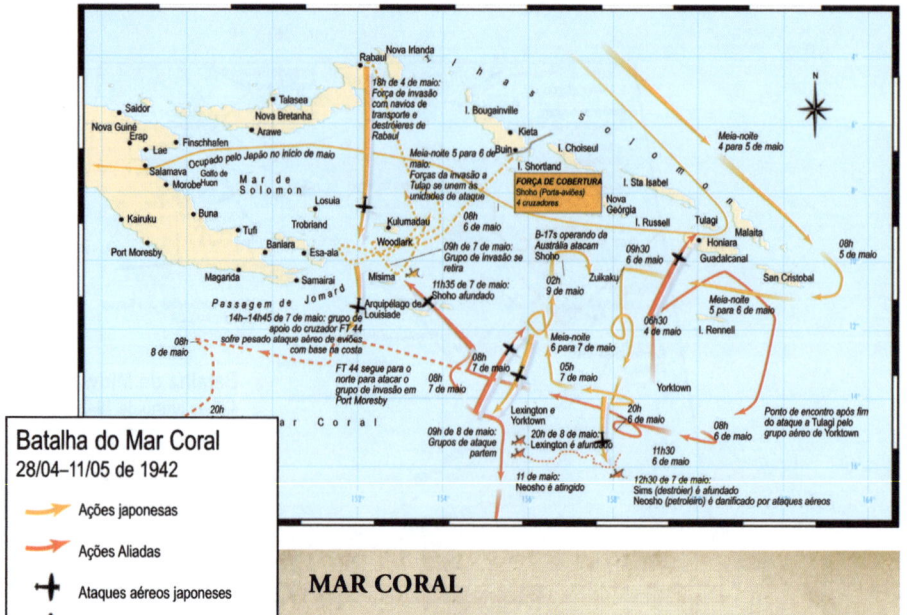

Batalha do Mar Coral
28/04–11/05 de 1942

- Ações japonesas
- Ações Aliadas
- Ataques aéreos japoneses
- Ataques aéreos Aliados
- Navios japoneses afundados
- Navios Aliados afundados

MAR CORAL

Os japoneses tomaram a decisão de invadir Port Moresby, mas os americanos conseguiram quebrar a codificação naval japonesa e mandaram uma força para bloquear o ataque. A subsequente Batalha do Mar Coral foi o primeiro combate naval na história no qual as frotas oponentes nunca se encontraram, com a ação sendo conduzida inteiramente por aviões.

O Shoho foi afundado em 7 de maio e, nas 24 horas seguintes, ocorreram outros ataques aéreos dos dois lados. Os japoneses afundaram o porta-aviões Lexington, além de um destróier e um navio-tanque, e acabaram com menos perdas que os americanos. A batalha terminou empatada, mas a invasão foi suspensa.

CATÁSTROFE JAPONESA

Embora os ataques americanos iniciais tenham falhado, eles asseguraram que os caças japoneses tivessem que reabastecer e se rearmar — e foi enquanto isso acontecia que o ataque principal aconteceu. Os navios Akagi, Soryu e Kaga foram atingidos pelas ações dos aviões bombardeiros americanos.

Como o ataque aconteceu no meio do reabastecimento, seus efeitos foram ampliados por explosões de combustível e munições, e todos os porta-aviões japoneses afundaram — Akagi e Soryu em uma questão de minutos.

O único porta-aviões japonês sobrevivente, Hiryu, enviou suas aeronaves para atacar os americanos, conseguindo danificar o Yorktown, que tinha acabado de ser consertado depois da Batalha do Mar Coral. Mas, em resposta, os aviões americanos perseguiram e afundaram o Hiryu — e toda a força de porta-aviões japonesa foi perdida em um dia.

A frota de Yamamoto ainda era maior do que a dos americanos, e ele tentou forçar um confronto de superfície para conseguir algum sucesso depois do desastre. No entanto, a frota americana, agora liderada pelo contra-almirante Spruance, já que o navio capitânia do Contra-almirante Fletcher estava sendo rebocado, provou ser elusiva, e Yamamoto foi forçado a desistir. A operação Midway foi cancelada, e os japoneses agora eram obrigados a assumir posição defensiva no Pacífico. O único consolo era que um submarino japonês conseguiu afundar o Yorktown enquanto ele era rebocado de volta para Pearl Harbor.

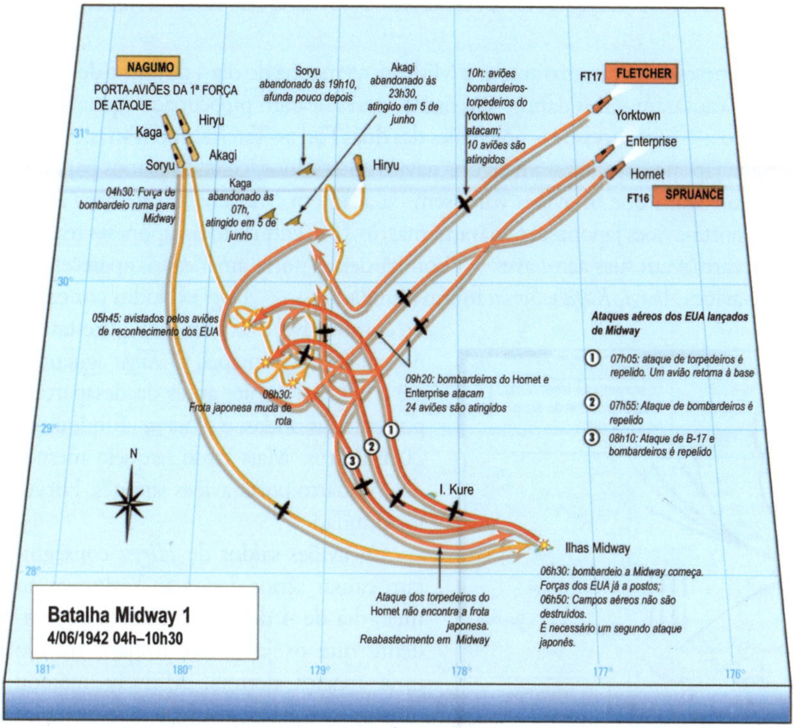
NAGUMO
PORTA-AVIÕES DA 1ª FORÇA DE ATAQUE
Kaga
Hiryu
Soryu
Akagi
Soryu abandonado às 19h10, afunda pouco depois
Akagi abandonado às 23h30, atingido em 5 de junho
10h: aviões bombardeiros-torpedeiros do Yorktown atacam; 10 aviões são atingidos
FT17
FLETCHER
Yorktown
Enterprise
Hornet
FT16
SPRUANCE
Hiryu
04h30: Força de bombardeio ruma para Midway
Kaga abandonado às 07h, atingido em 5 de junho
05h45: avistados pelos aviões de reconhecimento dos EUA
08h30: Frota japonesa muda de rota
09h20: bombardeiros do Hornet e Enterprise atacam 24 aviões são atingidos
Ataques aéreos dos EUA lançados de Midway
① 07h05: ataque de torpedeiros é repelido. Um avião retoma à base
② 07h55: Ataque de bombardeiros é repelido
③ 08h10: Ataque de B-17 e bombardeiros é repelido
N
I. Kure
Ilhas Midway
06h30: bombardeio a Midway começa. Forças dos EUA já a postos; 06h50: Campos aéreos não são destruídos. É necessário um segundo ataque japonês.
Ataque dos torpedeiros do Hornet não encontra a frota japonesa. Reabastecimento em Midway
Batalha Midway 1
4/06/1942 04h–10h30
31°
30°
29°
28°
181°
180°
179°
178°
177°
176°

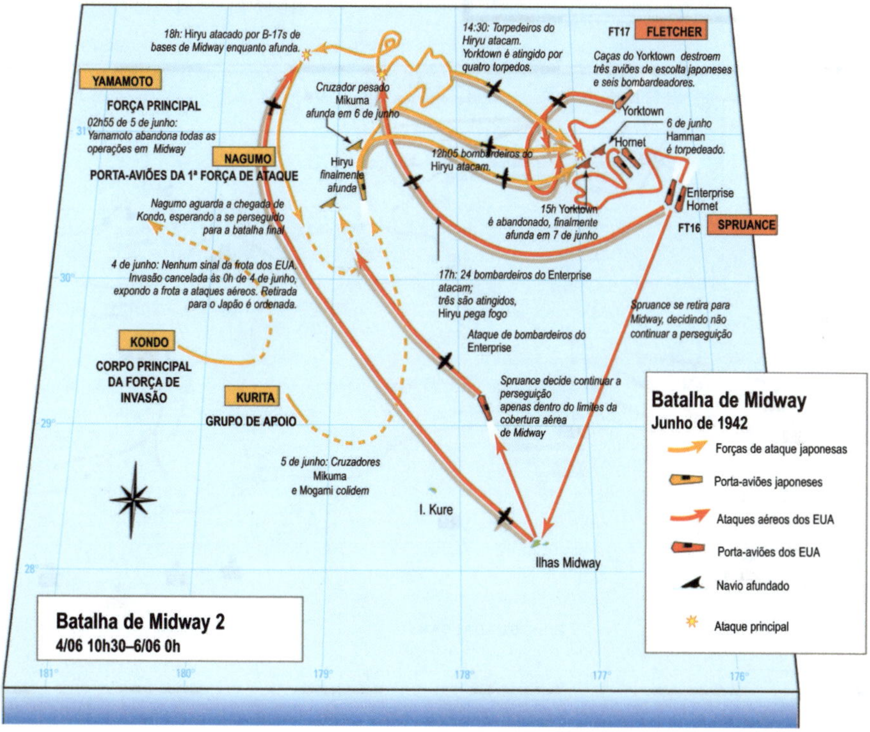
18h: Hiryu atacado por B-17s de bases de Midway enquanto afunda.
14:30: Torpedeiros do Hiryu atacam. Yorktown é atingido por quatro torpedos.
FT17
FLETCHER
Caças do Yorktown destroem três aviões de escolta japoneses e seis bombardeadores.
YAMAMOTO
FORÇA PRINCIPAL
02h55 de 5 de junho: Yamamoto abandona todas as operações em Midway
Cruzador pesado Mikuma afunda em 6 de junho
Yorktown
6 de junho Hamman é torpedeado.
Hornet
NAGUMO
PORTA-AVIÕES DA 1ª FORÇA DE ATAQUE
Hiryu finalmente afunda
12h05 bombardeiros do Hiryu atacam.
Enterprise
Hornet
FT16
SPRUANCE
15h Yorktown é abandonado, finalmente afunda em 7 de junho
Nagumo aguarda a chegada de Kondo, esperando a se perseguido para a batalha final
4 de junho: Nenhum sinal da frota dos EUA. Invasão cancelada às 0h de 4 de junho, expondo a frota a ataques aéreos. Retirada para o Japão é ordenada.
17h: 24 bombardeiros do Enterprise atacam; três são atingidos, Hiryu pega fogo
Spruance se retira para Midway, decidindo não continuar a perseguição
Ataque de bombardeiros do Enterprise
KONDO
CORPO PRINCIPAL DA FORÇA DE INVASÃO
KURITA
GRUPO DE APOIO
Spruance decide continuar a perseguição apenas dentro dos limites da cobertura aérea de Midway
5 de junho: Cruzadores Mikuma e Mogami colidem
I. Kure
Ilhas Midway
Batalha de Midway
Junho de 1942
Forças de ataque japonesas
Porta-aviões japoneses
Ataques aéreos dos EUA
Porta-aviões dos EUA
Navio afundado
Ataque principal
Batalha de Midway 2
4/06 10h30–6/06 0h
31°
30°
29°
28°
181°
180°
179°
178°
177°
176°

Os japoneses começaram o ataque a Midway na manhã do dia 4 de junho de 1942. Os ataques causaram sérios danos, mas os japoneses ficaram preocupados quando foram atacados — sem sucesso — por aviões das duas Forças-Tarefas americanas. Aviões de patrulha japoneses localizaram alguns navios americanos, gerando planos para um novo ataque assim que os aviões voltassem da ação em Midway. Duas novas ações contra os porta-aviões japoneses falharam, mas, às 10h, enquanto os japoneses reabasteciam e rearmavam suas aeronaves, 35 bombardeiros norte-americanos apareceram. Os porta-aviões *Akagi*, *Kaga* e *Soryu* foram afundados — o *Akagi* explodiu por causa do combustível e da munição que estavam no seu deque principal. O *Kaga* aguentou até a caída da noite antes de desaparecer por entre as ondas, e o *Soryu* afundou em 20 minutos. Mais tarde naquele mesmo dia, o quarto porta-aviões japonês, *Hiryu*, foi afundado.

Os aviões saídos de *Hiryu* conseguiram causar sérios danos ao Yorktown ao meio-dia de 4 de junho, mas estava evidente que os japoneses tinham sofrido uma maciça derrota. Midway marcou uma reviravolta na guerra, e foi o primeiro de uma série de golpes dos quais o Japão nunca se recuperaria completamente.

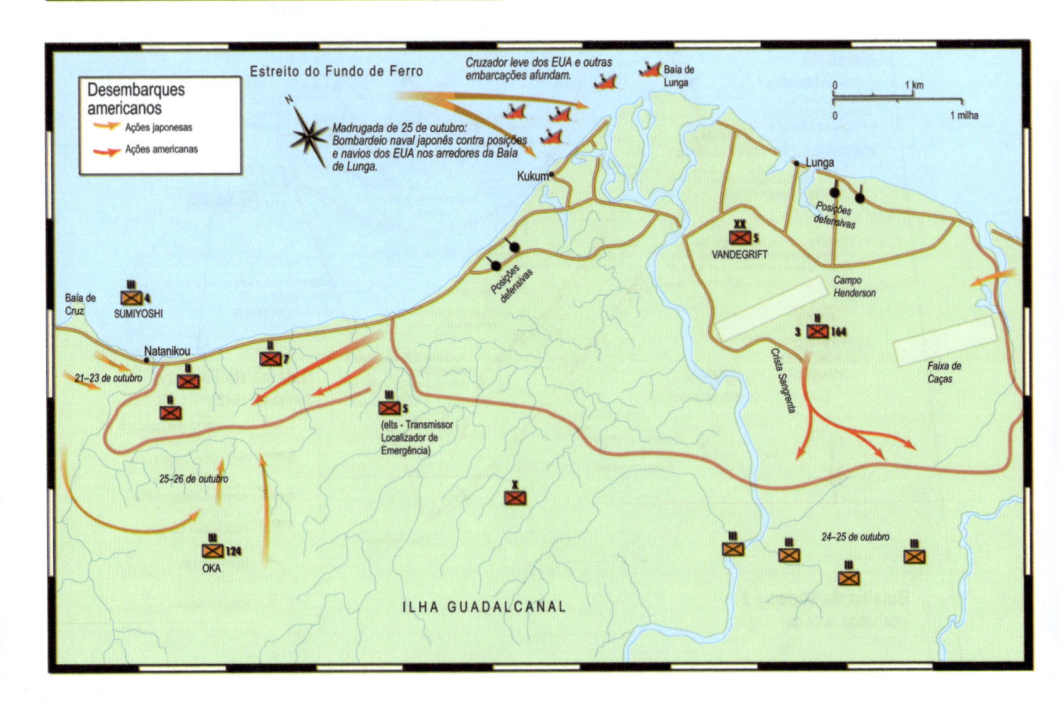

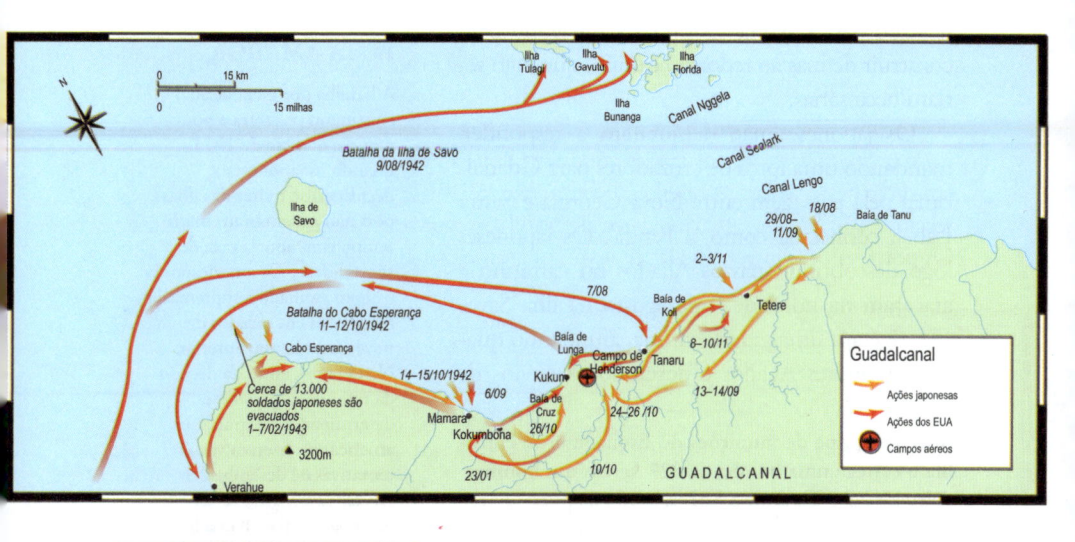

GUADALCANAL

Guadalcanal não estava na lista original de objetivos Aliados, mas a tentativa japonesa de construir o campo aéreo de Henderson motivou a elaboração de um plano às pressas, com a 1ª Divisão Marinha desembarcando em 7 de agosto de 1942 e encontrando resistência leve para tomar a área. Os japoneses responderam rapidamente, derrotando a marinha norte-americana na ilha Savo. Mas os fuzileiros americanos continuaram a insistir, apesar dos esforços cada vez maiores dos japoneses.

Os ataques japoneses por terra mais notáveis ocorreram em 18 de agosto e 13 de setembro. O primeiro ataque foi prejudicado, mas o segundo chegou mais perto do sucesso. Outro grande ataque japonês no campo de Henderson nos dias 24 e 25 de outubro foi repelido e resultou em um grande número de mortes, especialmente do lado japonês. Mas a batalha continuou equilibrada, e a posse americana do campo de Henderson era frágil.

GUADALCANAL

Guadalcanal e as ilhas Salomão se tornaram objetivos estratégicos do Japão no sul do Pacífico durante 1942. Se esses territórios fossem conquistados pelos japoneses, eles serviriam como uma base da qual as linhas de abastecimento Aliadas entre os EUA e a Austrália poderiam ser atacadas, enquanto, se ficassem em mãos Aliadas, as ilhas seriam uma base útil para se lançar ações ofensivas, além de providenciarem proteção contra os ataques japoneses na direção da Austrália.

Em maio de 1942, os japoneses tinham feito bastante progresso no desenvolvimento de instalações na ilha Florida e começaram a chegar relatos para os americanos de que soldados inimigos estavam sendo levados por Guadalcanal para construir um campo aéreo. Isso iria permitir a operação de aviões bombardeiros japoneses contra navios mercadores Aliados e possivelmente contra a Austrália, razão pela qual os EUA decidiram tomar a ilha. Uma força de 19.000 fuzileiros navais norte-americanos desembarcou na ilha em 7 de agosto de 1942, fazendo os japoneses recuarem para a floresta. O campo aéreo foi renomeado 'Campo de Henderson' e finalizado por engenheiros norte-americanos. O material

A GUERRA NO PACÍFICO 71

deixado para trás pelos japoneses foi usado para construir defesas ao redor do campo, que logo seriam necessárias.

Os japoneses não demoraram a responder, mandando uma força de cruzadores para Guadalcanal pela passagem entre Nova Geórgia e Santa Isabel, conhecida como 'a Fenda'. Os japoneses logo descobriram navios Aliados no caminho e atacaram na noite de 9 de agosto na ilha Savo. Eles tiveram uma grande vitória, afundando quatro cruzadores Aliados e deixando os navios de

Abaixo: equipe de munições do Esquadrão de Patrulha 6 carrega uma bomba de 227 kg em um bombardeiro Douglas Dauntless SBD a bordo do porta-aviões Enterprise durante a luta por Guadalcanal. Tanto os americanos quanto os japoneses usaram uma combinação de bombardeiros e torpedeiros saídos de seus porta-aviões para atacar a outra esquadra, com cobertura dos caças para proteção.

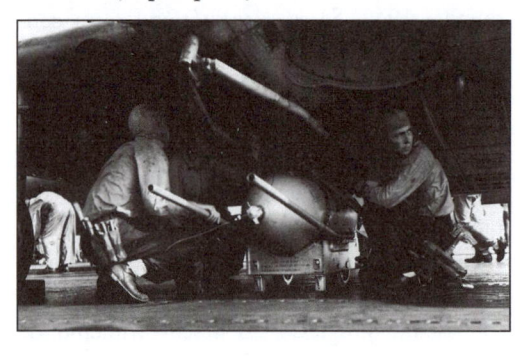

LUTA AMARGA

A batalha por Guadalcanal continuou por terra e por mar até o início de 1943, quando os japoneses decidiram se retirar das ilhas, pois não aguentariam muito tempo com aquela taxa de mortalidade. Os americanos já tinham ganhado a supremacia na batalha em meados de novembro do ano anterior. No entanto, antes da decisão da retirada, os japoneses, determinados a expulsar os americanos, fizeram várias tentativas de desembarcar reforços para suas tropas na região com o chamado 'Expresso de Tóquio', os comboios de abastecimento que recebiam cobertura pesada das forças navais de superfície.

Mas esses comboios eram vulneráveis a ataques, não só das aeronaves americanas com base no campo de Henderson na própria ilha, mas também das forças navais americanas na área. Em novembro de 1942, foi tomada a decisão de os japoneses realizarem um esforço com força total para derrotar os americanos em Guadalcanal.

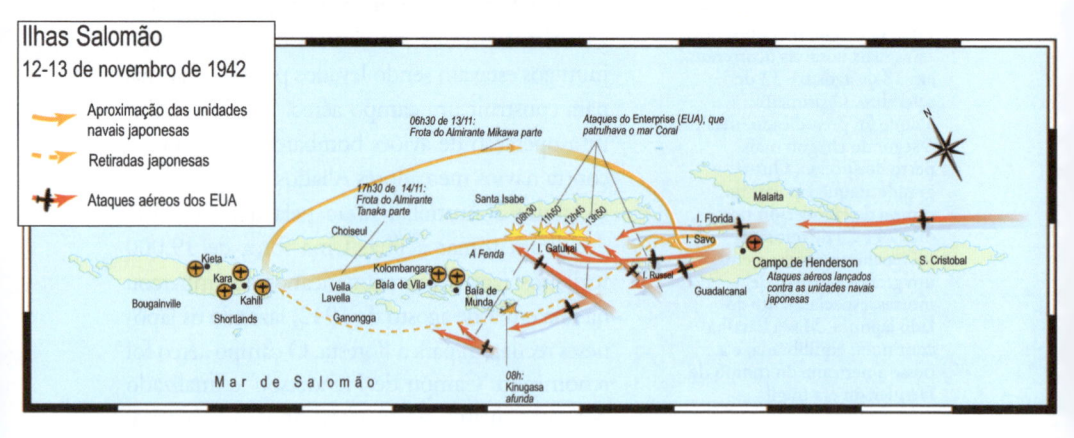

Guadalcanal
13 de novembro de 1942

- Ações japonesas
- Navios japoneses
- Ações americanas
- Navios dos EUA
- Navios afundados

Destróieres dos EUA
Ilha de Savo
FORÇA DE ABE
13/11, tarde: Hiei é torpedeado por aviões dos EUA e esburacado pela tripulação
Kirisima e Nagara se retiram
Auron Ward danificado
Kirishima
Hiei
Cushing
Laffey
Barton
Nagara
Monssen
Cabo Esperança
Akatsuki
Visale
Tenaru
Baía de Aruligo
Atlanta, Portland e Juneau são torpedeados
Cushing, Laffey, Sterett, O'Bannon, Atlanta, San Francisco, Portland, Helena, Juneau, Aaron Ward, Barton, Monssen, Fletcher
01h41: Cushing realiza contato visual
Estreito do Fundo de Ferro
01h24 de 13/11: radar do Helena localiza os japoneses
Doma Cope
Baía de Bunina
FORÇA DE CALLAGHAN
GUADALCANAL
Baía de Tassafaronga

Guadalcanal
14–15 de novembro de 1942

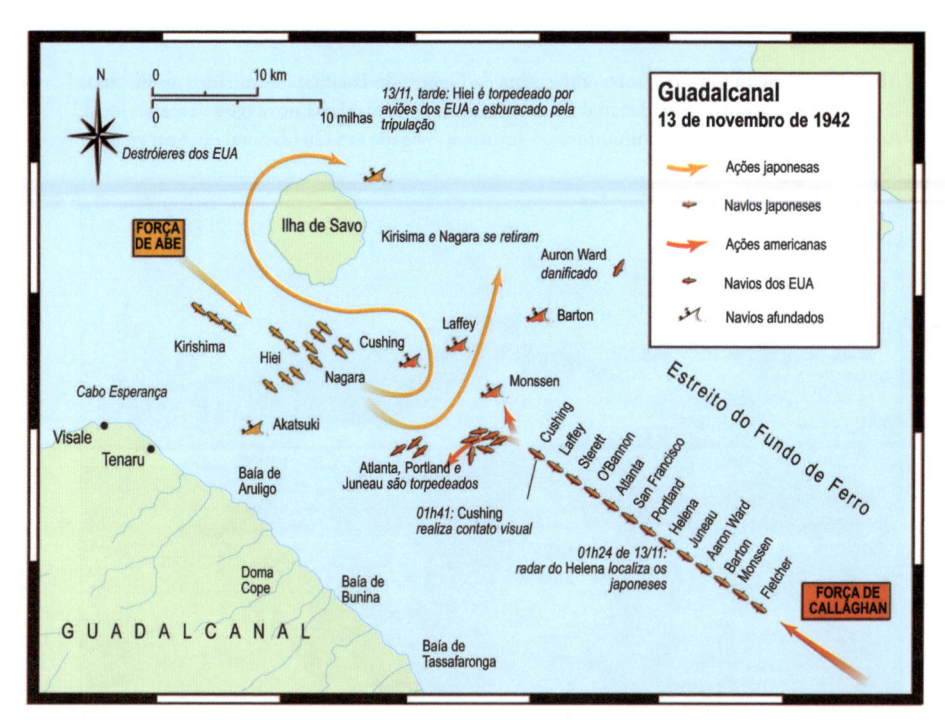

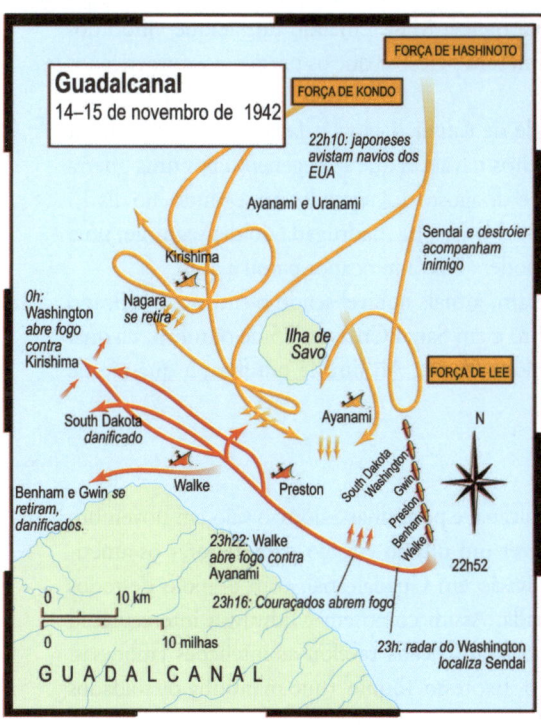

FORÇA DE HASHINOTO
FORÇA DE KONDO
22h10: japoneses avistam navios dos EUA
Ayanami e Uranami
Sendai e destróier acompanham inimigo
Kirishima
0h: Washington abre fogo contra Kirishima
Nagara se retira
Ilha de Savo
FORÇA DE LEE
Ayanami
South Dakota danificado
South Dakota, Washington, Gwin, Preston, Benham, Walke
Benham e Gwin se retiram, danificados.
Walke
Preston
22h52
23h22: Walke abre fogo contra Ayanami
23h16: Couraçados abrem fogo
23h: radar do Washington localiza Sendai
GUADALCANAL

BATALHAS PRINCIPAIS

As ações navais decisivas aconteceram entre os dias 13 e 15 de novembro de 1942, quando os dois lados se confrontaram nas águas ao redor da ilha de Savo. Na primeira noite, os japoneses afundaram três destróieres e dois cruzadores no espaço de 20 minutos. No entanto, o sacrifício realizado pela marinha norte-americana impediu os japoneses de atingir o objetivo principal de desembarcar mais homens em Guadalcanal.

Na manhã seguinte, o couraçado japonês atingido Hiei foi afundado por aviões saídos do campo de Henderson. Durante o dia, quatro cruzadores e seus navios de transporte foram afundados, mas esse desastre não marcou o fim dos esforços japoneses. Durante a noite de 14 para 15 de novembro, o couraçado japonês Kirishina foi afundado em menos de sete minutos pelo couraçado Washington. Depois disso, o Alto Comando japonês decidiu retirar seus homens da ilha.

A GUERRA NO PACÍFICO

Abaixo: a primeira ofensiva norte-americana da Guerra do Pacífico — soldados americanos são transportados para Guadacanal com a intenção de controlar a nova base aérea do local. Ao contrário de muitos desembarques no futuro, a chegada em Guadacanal encontrou pouca oposição dos japoneses.

transporte que eram escoltados à sua mercê. Mas, temendo um ataque vindo dos porta-aviões, os japoneses se retiraram, sem perceber que os porta-aviões americanos também tinham sido retirados.

Depois de perder a oportunidade de causar o caos, o Japão começou a lançar uma série de ataques contra os fuzileiros navais, o que se degenerou em uma guerra de desgaste. O primeiro ataque, em 18 de agosto, foi repelido, e o segundo, no dia 13 de setembro, chegou perto do sucesso — mas, na madrugada do dia seguinte, uma combinação do poder de fogo e do poder aéreo americanos parou a ação.

Outras batalhas navais aconteceram, a mais notável sendo o sucesso americano no Cabo Esperança em 11 de outubro e em Santa Cruz em 25 de outubro, na qual os americanos perderam o porta-aviões *Hornet*. Ao fim de outubro, a questão de Guadalcanal ainda era incerta.

A FASE FINAL

A fase final na batalha por Guadalcanal e pelas ilhas Salomão veio em novembro de 1942. Os japoneses decidiram fazer um último esforço para derrotar os americanos, investindo toda a sua 38ª Divisão em Guadalcanal, com o apoio de todos os navios numa Esquadra Combinada. Assim como em Midway, a interceptação das informações pela inteligência norte-americana revelou as intenções japonesas. De acordo com o plano, enquanto o 'Expresso Tóquio' (que mantinha os soldados japoneses na ilha abastecidos) do almirante Tanaka chegava trazendo a 38ª Divisão, forças navais impediriam que os americanos interferissem no processo.

Na noite de 12 para 13 de novembro, uma esquadra de dois couraçados, um cruzador e seis destróieres, comandados pelo almirante Hiroaki Abe, seguiu pela Fenda. Ao mesmo tempo, os americanos despacharam cinco cruzadores e oito destróieres, sob o comando do almirante Daniel Callaghan. As duas forças se cruzaram na ilha Savo, e em minutos abriu-se fogo. Callaghan foi morto por uma bomba que atingiu a ponte de comando do seu navio, o San Francisco.

Os americanos concentraram seu poder de fogo nos couraçados do inimigo, mas pouco puderam fazer para impedir a perda de três cruzadores e dois destróieres antes de Abe decidir se retirar para o norte. Os japoneses tinham vencido a batalha tática, mas não conseguiram desembarcar seus homens no campo de Henderson. No dia seguinte, aviões partindo da base descobriram que o couraçado japonês *Hiei* tinha sido danificado na luta e não tiveram dó — o navio foi enviado para o fundo do mar em um ataque feroz.

Mais atividades se desenrolaram no dia 14 de novembro. Pilotos americanos localizaram os navios de transporte dos soldados japoneses e suas escoltas e atacaram com força total. Quatro cruzadores foram afundados ou impossibilitados de continuar, e seis navios de transporte de soldados foram enviados para o fundo do mar, matando centenas de japoneses no processo. Apesar dessa derrota, Tanaka recebeu ordens de fazer um esforço final no campo de Henderson, bombardeando a base aérea com um couraçado e quatro cruzadores. Dessa vez, a marinha norte-americana estava pronta. Dois novos couraçados, o *Washington* e o *South Dakota*, estavam aguardando, além de uma força de destróieres. O *South Dakota* sofreu uma falha de sistema e foi atingido mais de 40 vezes, mas o *Washington* usou suas armas guiadas por radar para atingir o *Kirishima* japonês 54 vezes, deixando-o completamente destruído. Os aviões japoneses foram forçados a se retirar, deixando Tanaka com a tarefa de desembarcar a 38ª Divisão à luz do dia e contra um inimigo alerta.

O resultado final foi uma carnificina, com o comboio sob ataque aéreo incessante. Ao fim do dia, apenas 2.000 soldados da 38ª Divisão estavam vivos para se unirem a seus colegas na selva. Era evidente que a crise tinha acabado para os americanos, e, a partir do início de dezembro, os fuzileiros navais começaram uma patrulha agressiva ao redor do campo de Henderson. Os japoneses decidiram que não podiam continuar a sofrer com as mortes contínuas e começaram a se retirar — em 8 de fevereiro de 1943, o último soldado deixou Guadalcanal, representando a primeira e possivelmente a mais importante vitória norte-americana em terra na guerra do Pacífico.

NOVA GUINÉ

Nova Guiné, a segunda maior ilha do mundo, ocupava uma posição estratégica no Pacífico, o que levou aos japoneses planejarem sua ocupação. A primeira tentativa, um ataque anfíbio direto em Port Moresby, foi frustrada pela Batalha do Mar Coral, então a opção alternativa foi colocada em prática.

Abaixo: soldados australianos na Trilha de Kokoda, em Nova Guiné, seguindo para Buna. Havia chovido tanto na região que a trilha tinha se transformado em um lamaçal. Com a derrota japonesa na Nova Guiné, a ameaça imediata contra a Austrália recuou, e as derrotas navais sofridas pelo Japão durante 1942 tornavam pouco provável uma invasão devido à falta de proteção para a esquadra.

Em 21 de julho de 1942, o Destacamento dos Mares do Sul do major-general Tomatoro Horii foi enviado para o leste de Gona, com instruções de avançar pela Trilha de Kokoda até Port Moresby. O plano foi prejudicado pelo fato de que os japoneses acreditavam que a trilha era um caminho trafegável pelas montanhas Owen Stanley, mas descobriram que ela era apenas uma estreita linha na selva com poucos metros de comprimento.

Mesmo com esse contratempo, a habilidade japonesa em ações e batalhas na selva seria demonstrada durante os dois meses seguintes —Kokoda foi tomada uma semana depois do desembarque e, em meados de setembro, as forças japonesas estavam a apenas 48 km de Port Moresby. Elas pararam nesse ponto, pois as ordens recebidas por Horii eram para que não avançassem até a chegada de reforços. Horii achou o plano benéfico, pois suas linhas de abastecimento já estavam extensas demais. Mas a luta em Guadalcanal fez com que os japoneses escolhessem redirecionar os reforços que apoiariam Horii para a outra campanha, assim como os suprimentos.

Uma tentativa de envio de reforços falhou, com as novas tropas japonesas sendo forçadas e recuar e então serem evacuadas para Rabaul, deixando Horii em uma posição crítica. As forças australianas e americanas esperavam, cientes de que a posição de Horii enfraquecia a cada dia, já que ele não tinha homens ou material para avançar.

NOVA GUINÉ

A localização geográfica de Nova Guiné fazia com que ela fosse de considerável importância estratégica para os dois lados. No início de 1942, os japoneses decidiram que iriam conquistar a ilha, mas a primeira tentativa teve que ser adiada por causa da Batalha do Mar Coral. Foi traçado um ataque por terra contra a capital, Port Moresby, com os primeiros soldados japoneses chegando em julho.

Os japoneses tiveram sucesso no início, lutando para abrir caminho por entre a selva para a conquista de Kokoda, e então subiram pelas montanhas Owen Stanley, de onde estariam em posição de atacar Port Moresby quando os reforços chegassem. Mesmo chegando a 48 km da capital, os japoneses nunca conseguiram atacá-la. A situação de abastecimento ficou crítica, e os reforços necessários para a ação final foram desviados para Guadalcanal; a única tentativa de desembarque de soldados adicionais foi repelida pelos defensores.

Em meados de setembro de 1942, estava claro para o alto comando japonês que eles não conseguiriam conquistar a ilha, e os japoneses se retiraram para a costa. Uma série de batalhas amargas se desenrolou enquanto americanos e australianos tentavam desalojar os japoneses de Gona e Buna de vez. Depois de derrotas iniciais, a missão foi cumprida em dezembro e no início de janeiro, deixando os japoneses em séria desvantagem.

Por fim, em 24 de setembro, Horii recebeu ordens para a retirada para Buna e seus arredores. Os australianos contra-atacaram dois dias depois, e os japoneses recuaram, lutando vigorosamente. Horii foi morto na retirada, mas os sobreviventes de suas forças se juntaram com seus colegas em Buna, Gona e Sanananda, onde formaram fortes posições defensivas.

A PRIMEIRA VITÓRIA

Nessa altura, o general Douglas MacArthur ordenou que a 32ª Divisão fosse para Nova Guiné auxiliar na ofensiva Aliada. A Divisão deveria tomar Buna, enquanto os australianos lidavam com as duas guarnições japonesas. MacArthur antecipou uma vitória fácil, sem notar que o terreno tornava a ação quase impossível. A falta de armamento e artilharia pesada fez com que o ataque inicial fosse repelido, registrando muitas perdas.

Os ataques continuaram por várias semanas sem atingir resultados que não altas taxas de mortes dos Aliados. MacArthur respondeu enviando o general Robert Eichenberger para assumir o comando. Eichenberger lançou um ataque, que falhou, e decidiu que esperaria até ter homens e armas suficientes. Quando isso aconteceu, os ataques tiveram resultados bem melhores.

Os australianos tomaram Gona em 9 de dezembro de 1942, e, dez dias depois, os americanos lançaram o ataque que finalmente expulsou os japoneses de Buna. Sanananda, que estava sendo evacuada pelos japoneses, foi conquistada em 22 de janeiro de 1943. Os Aliados então avançaram por Nova Guiné e, em setembro, já tinham removido os japoneses da maior parte da ilha. A luta continuou até quase o fim da guerra, mas o combate de 1942–43 deu a MacArthur sua primeira vitória real na campanha do Pacífico.

NOVA BRETANHA

A Operação Salto Estrela tinha como objetivo explorar os sucessos Aliados em Nova Guiné e em Guadalcanal, isolando a principal base japonesa na Nova Bretanha. Depois que as desavenças entre o almirante Nimitz e o general MacArthur foram resolvidas (limitando o escopo originalmente proposto pela ofensiva), a operação demonstrou características clássicas da futura campanha de 'pular ilhas' que marcou o avanço Aliado para o Japão.

As tentativas japonesas de reforçar as tropas na Nova Guiné foram contidas com um grande revés na Batalha do Mar de Bismarck, quando o comboio de soldados foi aniquilado pela aeronave americana B-25 Mitchell usando a recém-desenvolvida técnica de 'bombardeio rasante'. A resposta japonesa veio na forma da ofensiva aérea 'I-Go', que, apesar de grandiosa, não rendeu muitos resultados.

A isso se seguiu o avanço firme das forças por terra e navais, que progrediam pela cadeia de ilhas. Os Aliados usaram uma mistura de assaltos anfíbios, avanços convencionais por terra e até pousos por pára-quedas para superar os japoneses. Em novembro de 1943, o objetivo primário de neutralizar a ameaça em Rabaul foi atingido. Os japoneses, considerando que não aguentariam outra batalha de desgaste, retiraram a maior parte de suas forças para Truk. Os Aliados agora podiam voltar sua atenção para outras partes do Pacífico, sabendo que a ameaça nas ilhas Salomão tinha sido neutralizada.

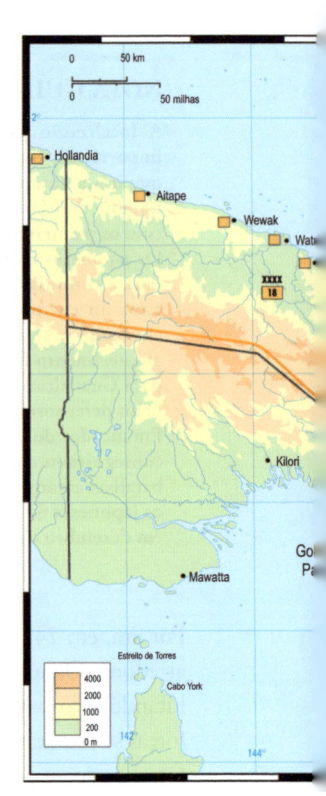

OPERAÇÃO SALTO ESTRELA

O sucesso das operações em Nova Guiné e Guadalcanal levou os Aliados a começarem as preparações para a próxima fase da operação, que seria o avanço na direção de Rabaul. O planejamento foi prejudicado por uma desavença entre MacArthur e Nimitz em relação ao comando e ao controle da operação e o resultado almejado: para encerrar a discussão, os dois concordaram com um ataque de menor escala, batizado de "Operação Salto Estrela".

De acordo com esse esquema, as forças navais comandadas pelo almirante William 'Búfalo' Halsey avançariam pela ilha Solomon até Bougainville, enquanto as forças de MacArthur em terra conduziriam a ofensiva pela costa de Nova Guiné, aproveitando o sucesso obtido na região no fim de 1942.

Os japoneses não demoraram a identificar os perigos que enfrentavam em Nova Guiné e fizeram esforços determinados para fortificar suas posições. Eles despacharam a 51ª Divisão para Rabaul, mas em 1º de março de 1943 o comboio foi avistado por um avião de reconhecimento norte-americano. No dia seguinte, foram enviados bombardeiros B-25 para atacar os navios, no que ficou conhecido como a Batalha do Mar de Bismarck. A ação causou caos entre os japoneses e, de toda a Divisão, apenas cem soldados conseguiram chegar à Nova Guiné, pois os americanos voltaram para bombardear os barcos que tinham sobrado em 3 de março.

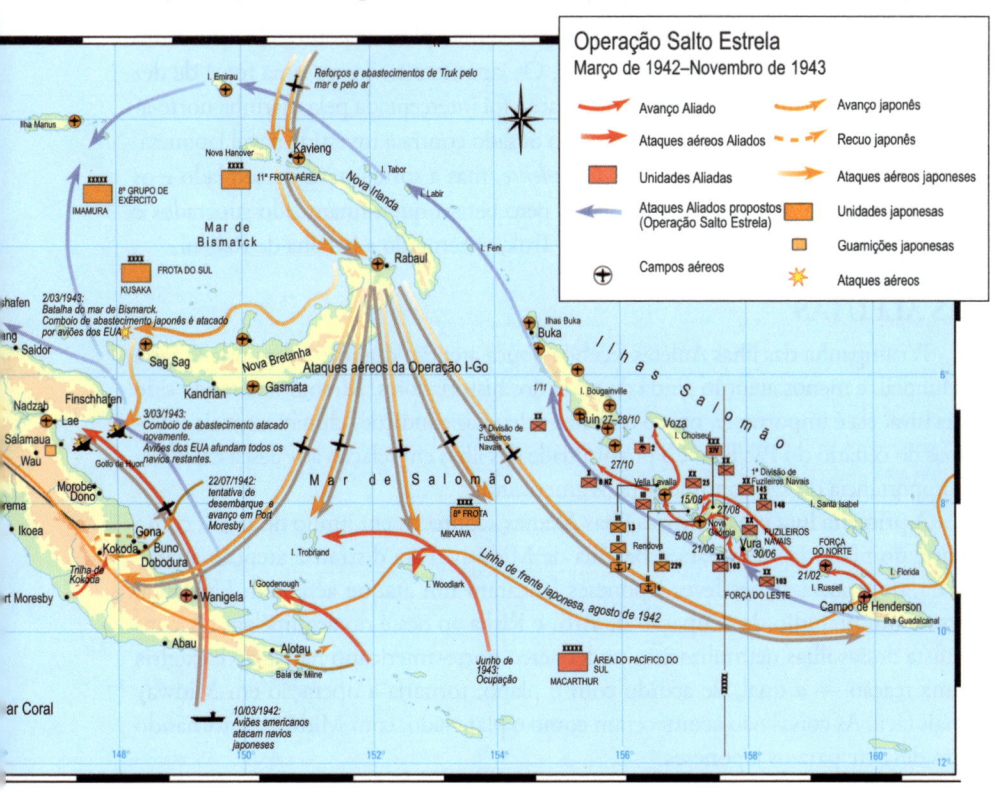

A GUERRA NO PACÍFICO 79

A resposta japonesa para a série de fracassos que os acompanhava desde o fim de 1942 foi uma ofensiva aérea de codinome 'I-Go' contra várias bases Aliadas. O problema que os japoneses enfrentavam era a relativa inexperiência de seus pilotos, cujo desempenho era bem pior do que o considerado pela avaliação deles. Em vez da destruição maciça que eles clamavam ter causado, o ataque atingiu 30 aviões Aliados, um destróier, uma corveta e dois navios mercadores. Os japoneses perderam no mínimo a mesma quantidade de aviões que os Aliados no ataque, se não mais. Para piorar, o almirante Yamamoto decidiu visitar seus pilotos para parabenizá-los — mas a mensagem foi interceptada, e os americanos enviaram caças P-38 para atacar o avião que o transportava para a base, matando o homem que tinha planejado a operação de Pearl Harbor.

Ao fim de junho, as forças de MacArthur desembarcaram na Baía de Nassau, em Nova Guiné, enquanto, a cerca de 650 km, os homens de Halsey atacavam Nova Geórgia. Os japoneses se defenderam com vigor e foi preciso um mês para expulsá-los, mesmo eles estando em grande desvantagem numérica. Halsey então ignorou a ilha na qual o próximo grupo das forças japonesas estava baseado, preferindo conquistar Vell Lavella. Em Nova Guiné, os soldados de MacArthur tomaram as importantes bases japonesas de Lae e Salamaua. A parte final da operação seria a tomada de Bougainville, a ser usada como base para ataques aéreos contra as posições japonesas em Rabaul.

Os desembarques em Bougainville começaram em 1º de novembro de 1943, encontrando pouca resistência. A construção de uma pista de pouso começou assim que as posições na praia estavam seguras. Os japoneses enviaram uma força de dez navios para destruir essas posições, mas a ação foi interceptada pela marinha norte-americana. Halsey lançou um ataque aéreo ousado contra a investida naval japonesa, arriscando a perda de *Saratoga* e *Independence*, mas a sorte estava do seu lado e os japoneses foram afastados. Os japoneses perceberam que tinham sido superados e retiraram seus aviões e navios da base em Truk, encerrando a batalha de Rabaul.

AS ALEUTAS

A campanha das ilhas Auletas recebeu pouca atenção durante a Segunda Guerra Mundial, e menos atenção ainda da parte dos historiadores. Mesmo não tendo sido decisiva, ela é importante, pois o embate se deu nas condições climáticas mais extremas do cenário do Pacífico, e a proximidade das ilhas em relação ao Alasca explicava a importância do seu controle para os americanos.

A primeira luta em torno das ilhas Aleutas aconteceu em junho de 1942, como parte do plano japonês para a Batalha de Midway. Para distrair a atenção americana, dois porta-aviões leves japoneses lançaram um ataque aéreo em Unalaska, como um prelúdio da ocupação de Attu e Kiska ao oeste do arquipélago. A conquista dessas ilhas neutralizaria o poder aéreo norte-americano na região e exigiria uma reação — a qual, de acordo com o plano, tornaria a operação em Midway mais fácil. As coisas não aconteceram como o planejado, com Midway se tornando um desastre para os japoneses.

As Aleutas
Junho 1942–Maio 1943

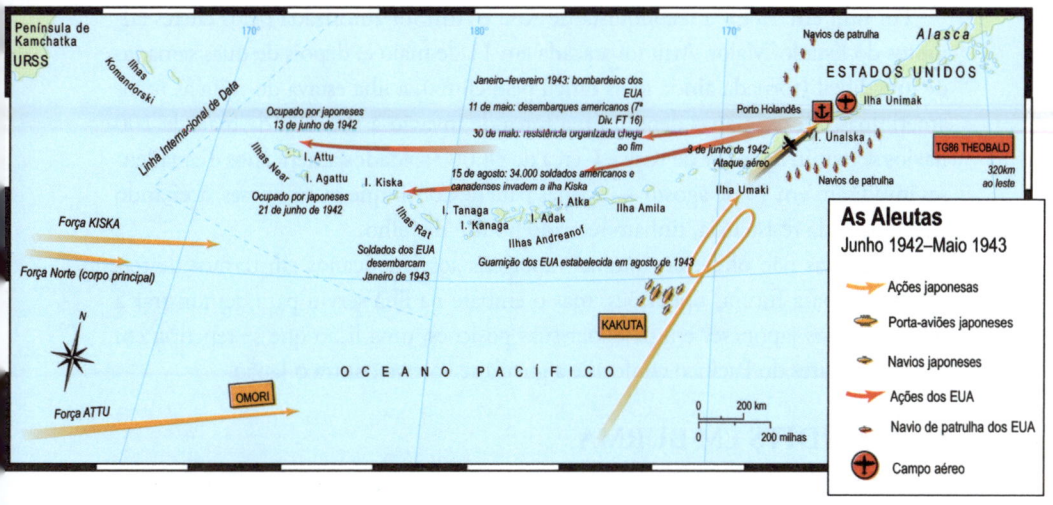

ILHAS ALEUTAS

A ocupação do arquipélago das ilhas Aleutas pelos japoneses na época da Batalha de Midway sugeria que a área poderia ser um fator importante contra o Japão. Quando a ocupação de Attu e de Kiska foi percebida por uma missão reconhecimento aéreo, os chefes adjuntos do Estado-Maior ficaram preocupados com a hipótese de os japoneses pretenderem usar as ilhas para ameaçar o Alasca ou talvez a Sibéria. Apenas em 1943 as forças necessárias para retomar Attu e Kiska foram organizadas. O bombardeio aéreo começou em janeiro de 1943, com os desembarques em Attu seguindo em 11 de maio. A determinada resistência japonesa e o tempo ruim atrasaram os planos americanos, e a batalha só se encerrou em 30 de maio. A reconquista de Kiska foi mais simples, pois os japoneses decidiram se retirar quando a força de invasão chegou.
Na realidade, os japoneses pretendiam apenas distrair os americanos e neutralizar as ilhas para poder fazer uso da força aérea contra as operações marítimas americanas.

O único sucesso da operação Midway foi que Kiska e Attu foram ocupadas, mas mesmo essa vitória foi limitada. Os ataques aéreos em Unalaska causaram relativamente pouco dano, e um caça 'Zero' japonês foi forçado a pousar na ilha de Akutan, de onde foi resgatado pelos americanos. Isso permitiu que os americanos estudassem cuidadosamente o caça mais formidável do arsenal japonês, e eles rapidamente desenvolveram meios de atingi-lo (e construíram novos caças para sua frota superiores ao Zero).

As terríveis condições climáticas nas ilhas Aleutas fizeram com que levasse quase uma semana até que os aviões americanos descobrissem que Kiska e Attu tinham sido ocupadas (as ilhas não eram habitadas antes da chegada dos japoneses), o que causou certa preocupação aos americanos. Reforços foram enviados para o Alasca, mas a quantidade de forças necessárias para desalojar os japoneses não estava disponível em 1942. Como resultado, as ilhas foram bombardeadas e bloqueadas. Em março de 1943, uma batalha de superfície se desenrolou nos arredores das ilhas Komandorski, com o comandante japonês encerrando a ação cedo demais e entregando a vitória para os americanos.

Por fim, em 1943, a reconquista de Kisa e Attu foi autorizada pelos chefes adjuntos do Estado-Maior. Attu foi atacada em 11 de maio e, depois de duas semanas de luta difícil (tornada ainda mais difícil pelo clima), a ilha estava de volta às mãos americanas. Dez semanas depois, uma força de invasão americana de mais de 100 navios se reuniu ao redor de Kiska. Cerca de 34.000 soldados americanos e canadenses invadiram em 15 de agosto — apenas para descobrir que os japoneses, aceitando a futilidade da resistência, tinham recuado no fim de julho.

As Aleutas não ofereciam muitas vantagens aos americanos em termos de território útil para futuras operações, mas o embate na ilha serviu para demonstrar a resistência dos japoneses em defender suas posições, uma lição que se repetiria em todos os lugares do Pacífico conforme a guerra se voltava contra o Japão.

OS CHINDITS EM BURMA

As formações inglesas Chindit deviam sua existência ao brigadeiro Orde Wingate, um oficial arrojado com histórico de operações contra insurgências na Palestina. Ele propôs que um Grupo de Penetração de Longo Alcance operasse por trás das linhas japonesas e fornecesse apoio aéreo. No início de 1943, a 77ª Brigada Indiana, ou os 'Chindits', estava pronta para as operações.

Em 8 de fevereiro de 1943, os Chindits cruzaram o rio Chindwin até Burma, pegando os japoneses de surpresa. O ataque às linhas de abastecimento foi muito bem-sucedido e conseguiu encurralar um grande número de soldados japoneses, que guardavam a cadeia logística do país. Infelizmente, o próximo passo de Wingate foi ordenar que seus homens cruzassem o rio Irrawaddy em campo aberto. Além de deixá-los vulneráveis contra ataques japoneses, a ação também levou os Chindits para fora do alcance do reabastecimento da RAF.

Os constantes ataques japoneses à formação obrigaram Wingate a ordenar que seus homens atravessassem o Irrawaddy de volta, mas os japoneses foram mais rápidos e bloquearam o caminho. No entanto, usando suas habilidades de guerrilha, os Chindits se dividiram e seguiram para a Índia em grupos pequenos. Apesar de conseguir essa vantagem, a retirada — e a doença — levou uma boa porção da brigada, e mais de 30% da divisão não conseguiu voltar.

A primeira campanha dos Chindits falhou, mas sua natureza ousada fez Wingate e os outros sobreviventes serem aclamados como heróis na Inglaterra, sem destruir o conceito de ataques de longo alcance. Em novembro, planos para conquistar o norte de Burma foram traçados, e Wingate acreditava que uma penetração de longo alcance facilitaria a ação. Os Chindits foram reformados em seis brigadas, conhecidas como Grupos de Penetração de Longo Alcance (LRPGs), divididas em colunas de 400 homens cada, com artilharia e um oficial de ligação para pedir apoio aéreo quando necessário. Wingate planejava usar metade da sua força para os estágios iniciais da operação, substituindo os homens com as divisões restantes depois de dois meses.

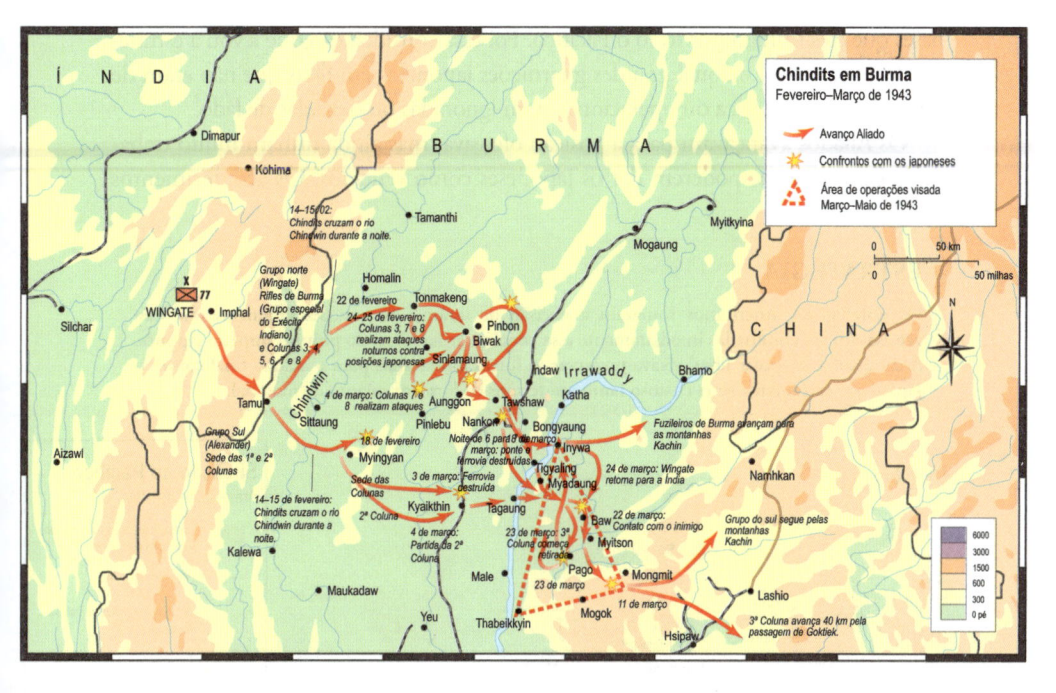

OS CHINDITS

Os Chindits eram brigadas especialmente treinadas que operavam atrás das linhas japonesas para atacar os meios de comunicação do inimigo. A primeira operação Chindit envolveu o envio de colunas de batalha pelo rio Chindwin em meados de fevereiro de 1943. Eles avançaram profundamente no território inimigo, rompendo linhas de abastecimento e forçando os japoneses a despender um grande número de soldados para serviços de vigilância. A decisão de cruzar o rio Irrawaddy em março de 1943 foi um erro. Uma série de batalhas em meados de março deixou claro que os Chindits tinham avançado até o limite, e uma retirada foi ordenada. Ainda assim, o ataque foi vital para aumentar a moral inglesa.

A segunda campanha dos Chindits teve consideravelmente mais sucesso, causando sérios problemas para os japoneses nas áreas de retaguarda e tomando territórios importantes. Mas Wingate não viveu para ver tudo isso: acabou morrendo em um acidente aéreo em 25 de março de 1944.

Eventualmente, as 77ª e 111ª Brigadas foram retiradas, depois de ficarem esgotadas pelas operações constantes, mas os Chindits que ficaram seguiram em frente para capturar Sahmaw e Taugni, contribuindo para ampliar as operações na área, o que deixou os Aliados em total controle de Indaw e de todas as áreas ao norte até o fim de 1944.

SITUAÇÃO NO PACÍFICO

A situação na campanha do Pacífico mudou decisivamente a favor dos Aliados depois de Midway e Guadalcanal, mas estava claro que os japoneses ainda estavam longe de serem derrotados. Sua resistência determinada contra as ofensivas Aliadas demonstrava que seria difícil desalojá-los das várias bases que eles tinham por todo o Pacífico. Foi essa consideração que levou à estratégia de 'pular ilhas', na qual grandes guarnições japonesas em ilhas que não eram de importância estratégica ou operacional eram ignoradas ou deixadas de lado.

Os Aliados avançavam para a posição ofensiva, mas ainda tinham muito trabalho a fazer antes de poderem dar os japoneses como vencidos. Os acontecimentos

ESTRATÉGIA

Os estrategistas americanos tomaram a decisão de ignorar as posições japonesas que não precisavam ser eliminadas imediatamente e se concentrar nas ilhas do próprio império japonês. A campanha de 'pular ilhas' visava preservar as forças americanas para o ataque final contra o Japão, que certamente seria custoso tanto em termos de homens quanto de material.

de 1944 deixaram os Aliados mais perto da vitória (e do próprio Japão), ocupando posições-chave. Mas o império japonês permanecia grande — Índias Orientais Holandesas, Malásia, Burma e China continuavam em suas mãos. No entanto, a pressão de dominar todos esses territórios começava a pesar para o Japão conforme os submarinos Aliados causavam sérios danos à marinha mercante do país.

Em outubro de 1944, a força aérea japonesa representava pouca ameaça aos Aliados, e a maior parte de sua potência estava em ataques camicases, não em forma de ações aéreas. As operações nas ilhas Marianas tinham sido uma carnificina, e a posição marítima do país era cada vez mais precária. Os Aliados estavam se aproximando rapidamente de ilhas do arquipélago japonês, e as Filipinas permaneciam um alvo tentador para o general MacArthur, que estava ansioso para cumprir sua promessa de retornar.

A crescente proximidade dos Aliados aumentou a determinação japonesa de resistir. As batalhas se tornaram cada vez mais ferozes, com as tropas japonesas lutando até o último homem. A conjuntura aumentou a preocupação sobre os custos de uma invasão ao país em si, adicionando um ímpeto extra ao desenvolvimento do que na época era uma arma secreta: a bomba atômica.

ATAQUES AÉREOS NO PACÍFICO CENTRAL

As campanhas americanas em 1944 foram marcadas por um novo desenvolvimento no uso de aeronaves com base em navios porta-aviões, com a formação da Força-Tarefa 58, equipada com dúzias de 'porta-aviões rápidos'. A força estava sob o comando geral do almirante Marc T. Mitscher, que assumiu o controle em 13 de janeiro de 1944. Depois de duas semanas de preparação, a Força-Tarefa atacou do Havaí no fim do mês.

A notícia do ataque alcançou o Japão por meio de missões de reconhecimento, e os japoneses aproveitaram para retirar várias unidades importantes de Truk, recuando-as para Palau. A Força-Tarefa 58 tinha sido designada para dar cobertura aos desembarques em Kwajalien em 29 de janeiro. Depois de concluir essa missão, ela seguiu para Majuro, de onde partiu para o ataque em 13 de fevereiro, tendo Truk como alvo, com a intenção de neutralizar a ameaça imediata para as operações americanas.

A primeira onda de ataques foi lançada antes do amanhecer do dia 14 de fevereiro, com uma força de 72 caças Grumman F6F Hellcat. Os caças foram recebidos por fogo ferrenho (mas inacurado) da artilharia antiaérea e cerca de 80 aviões japoneses; no entanto, os americanos não tiveram dificuldade para impor seu domínio. Cerca de 50 aeronaves japonesas foram atingidas até o meio da tarde e, com a conquista da superioridade aérea, tiveram início os ataques contra os campos de voo japoneses.

Cerca de 150 aviões inimigos foram destruídos ou danificados pelos ataques, enquanto outra onda de caças afundou mais de 100.000 toneladas de mercadorias japonesas nos arredores da ilha. Mais ações continuaram a se desdobrar nos três dias seguintes, e, depois de um ataque final em 18 de fevereiro, a Força-Tarefa se retirou, tendo conseguido destruir mais de 250 aviões japoneses e quase 200.000 toneladas de mercadorias.

A Força-Tarefa se reabasteceu e depois seguiu para oeste, na direção das ilhas Marianas. O grupo foi localizado por aviões japoneses na noite de 21 para 22 de fevereiro, o que levou a um ataque inimigo. Mas os japoneses não conseguiram acertar nenhum dos porta-aviões, permitindo que os americanos lançassem um ataque com força total na manhã seguinte. Campos aéreos foram bombardeados, assim como qualquer navio que fosse localizado.

Alguns navios japoneses escaparam dos ancoradouros para o mar aberto, só para descobrir que submarinos americanos estavam estrategicamente no meio do caminho para interceptá-los. Assim que os ataques foram concluídos, a Força-Tarefa se retirou para Majuro, onde chegou em 23 de fevereiro.

ATAQUES AÉREOS

O início de 1944 foi marcado por ataques bem-sucedidos conduzidos pelos porta-aviões da Força-Tarefa 58 do almirante Marc Mitscher contra alvos japoneses importantes. Houve três ações no total, envolvendo dois ataques contra Truk, além de desembarques de apoio em Nova Guiné e um ataque a Palau e às ilhas Marianas.

Os três ataques demonstraram claramente como a força aérea tinha se tornado uma grande arma no mar, permitindo que a marinha norte-americana removesse a ameaça representada pelas posições japonesas nas ilhas.

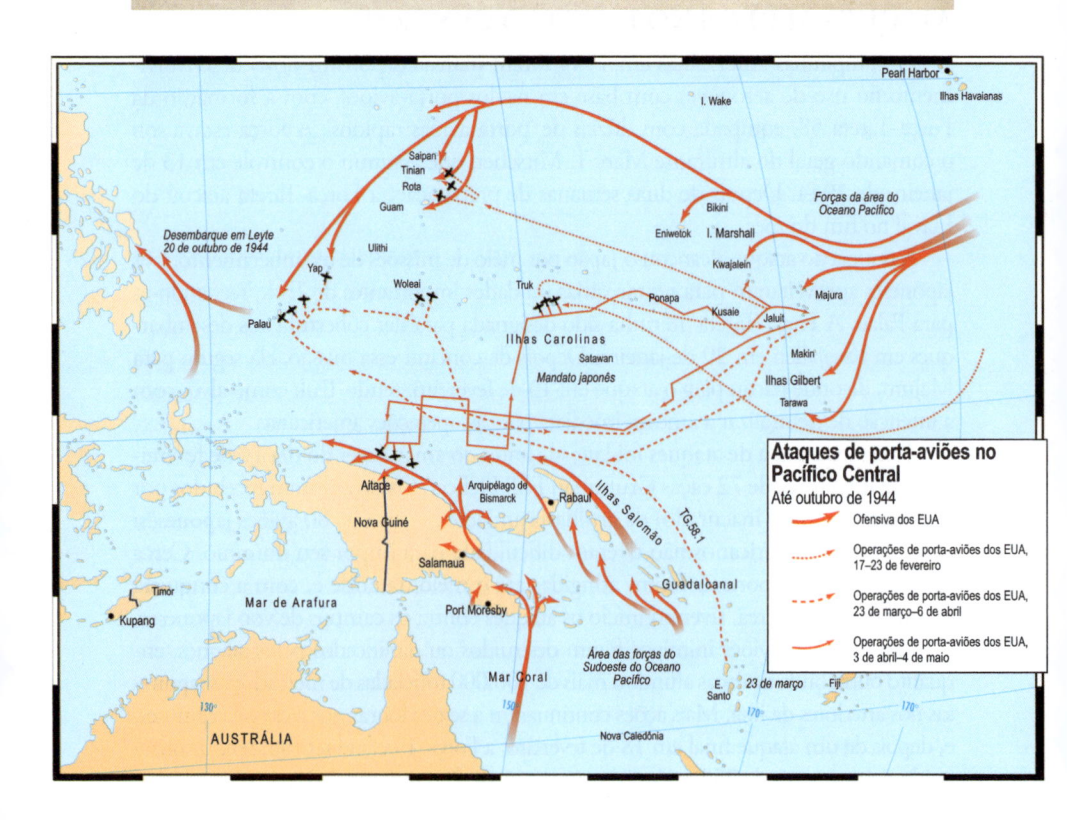

Acima: bombardeiros Douglas SBD Dauntless durante um ataque à ilha Param no atol de Truk. A fumaça das bombas pode ser vista claramente na ilha. Os japoneses estabeleceram uma grande base em Truk, nas ilhas Carolinas, que foi atacada várias vezes por aviões americanos, mas ignorada pela ação principal americana contra o Japão. A base se rendeu apenas no fim de guerra, em setembro de 1945.

Houve uma pausa de um mês, e então se seguiu o ataque a Palau. A Força-Tarefa tentou ficar fora do alcance dos aviões japoneses durante a aproximação, mas não conseguiu, e teve que desviar de outro ataque aéreo. Mais uma vez, os aviões japoneses não conseguiram causar nenhum dano aos americanos. O ataque teve início em 30 de março, com os caças derrubando os 30 aviões japoneses que tentaram interceptá-los. Navios mercadores foram atacados, e os americanos lançaram minas para confinar os navios ao porto, onde eram alvos fáceis. Novamente, depois de uma missão bem-sucedida, os navios se retiraram para se abastecer.

Um novo ataque aconteceu em 13 de abril, para dar cobertura à ação na costa de Nova Guiné. Quando chegou a hora dos desembarques, em 21 de abril, a resistência japonesa foi leve. Depois disso, a Força-Tarefa se retirou para reabastecimento e voltou para Truk. Os japoneses tinham reparado a maior parte dos danos e voavam em aviões novos. A Força-Tarefa 58 recomeçou os ataques aéreos contra a ilha em 29 de abril e rapidamente ganhou controle dos céus. O padrão de ataques contra campos aéreos foi repetido, e cerca de 90 aviões japoneses sucumbiram. Tendo mais uma vez neutralizado a ameaça de Truk, a Força-Tarefa 58 seguiu para uma nova ancoragem em Eniwetok, com sua equipe de cruzadores a escoltando até Ponape no caminho.

AS ILHAS GILBERT

Depois de expulsar as forças japonesas das ilhas Aleutas em meados de 1943, a atenção americana se voltou para a área do Pacífico Central das ilhas Gilbert. A conquista da ilha recebeu o codinome de Operação Galvânica, e o planejamento ficou por conta do Contra-almirante Raymond A. Spruance. Spruance concluiu que as duas ilhas mais ao oeste, Makin e Tarawa, deveriam ser conquistadas, pois a ação neutralizaria as outras ilhas, que deixariam de receber abastecimentos. Makin foi atacada em 20 de novembro de 1943 e tomada depois de três dias de luta amarga, durante a qual apenas uma das oitenta guarnições japonesas se rendeu. Entre os americanos, 66 soldados foram mortos, e 150, feridos. Ainda assim, a operação em Making foi relativamente fácil, mas a tomada de Tarawa seria muito diferente.

Uma das principais dificuldades em atacar Tarawa era a presença de recifes de coral submersos, que tornavam extremamente difícil a aproximação das embarcações e que deixariam os americanos vulneráveis ao fogo inimigo. Estava claro que veículos anfíbios de ataque (Amtracs, ou 'tratores armados') teriam que ser usados. Quando o ataque começou, em 20 de novembro, as embarcações chegando à praia pararam nos corais, pois a água estava ainda mais baixa do que o antecipado — a força inteira foi obrigada a depender de carros-tanques e dos poucos soldados que conseguiram vencer as águas e chegar à praia, enfrentando fogo pesado.

Em certo ponto, parecia que as forças americanas não conseguiriam alcançar a praia, mas elas o fizeram. Os defensores japoneses lutaram até a morte — de uma guarnição de 4.750 homens, apenas 17 se renderam. A luta durou por três dias e mais de mil fuzileiros navais americanos morreram.

Os americanos em seguida avançaram para Roi, Namur e Kwajalien, nas ilhas Marshall, como parte da Operação Espingarda de Pederneira. Roi e Namur foram atacadas pela 4ª Divisão Náutica, enquanto Kwajalien ficou por conta da 7ª Divisão de Infantaria em 1º de fevereiro de 1944. Em Roi, a maior dificuldade dos fuzileiros navais veio das

TARAWA SANGRENTA

Os ataques às ilhas Gilbert e Marshall apontaram como a campanha de 'pular ilhas' deveria seguir. Certas ilhas importantes deveriam ser tomadas, mas outras, onde as guarnições japonesas ficariam isoladas pela perda das linhas de abastecimento, poderiam 'ficar em banho-maria'. As campanhas foram notáveis por suas lutas ferozes. Tarawa foi difícil de atacar, pois o desembarque acabou sendo impossibilitado pelos corais de recife que cercavam as praias, e a natureza do terreno obrigou as forças americanas a desembarcar do lado oposto das linhas defensivas japonesas, em vez de tentar desembarcar em algum outro ponto do atol e flanquear os defensores. Da mesma forma, enquanto em Roi a ação foi relativamente simples por causa do sucesso do bombardeio preliminar, o terreno de vegetação fechada e os bunkers defensivos bem construídos em Namur e Kwajalein fizeram com que a ferocidade do bombardeio americano fosse mitigada, permitindo que os japoneses sustentassem uma resistência ferrenha contra os atacantes. Além do valor estratégico, as batalhas no arquipélago das ilhas Gilbert e Marshall forneceram lições valiosas para operações futuras contra as ilhas em domínio japonês. Com a queda de todo o grupo Marshall em 23 de fevereiro de 1944, o cenário estava montado para a Batalha do Mar das Filipinas e a operação contra as ilhas Marianas.

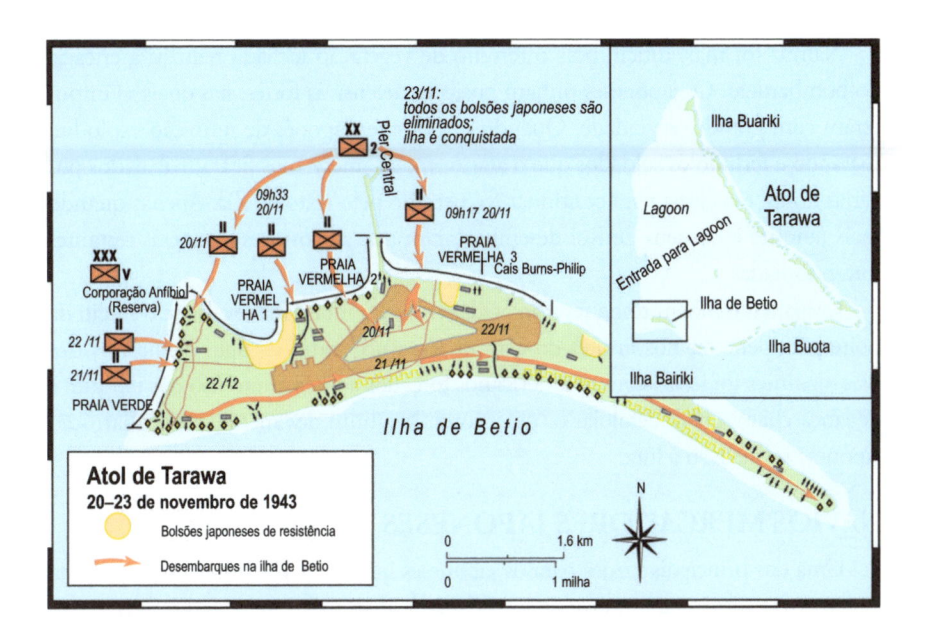

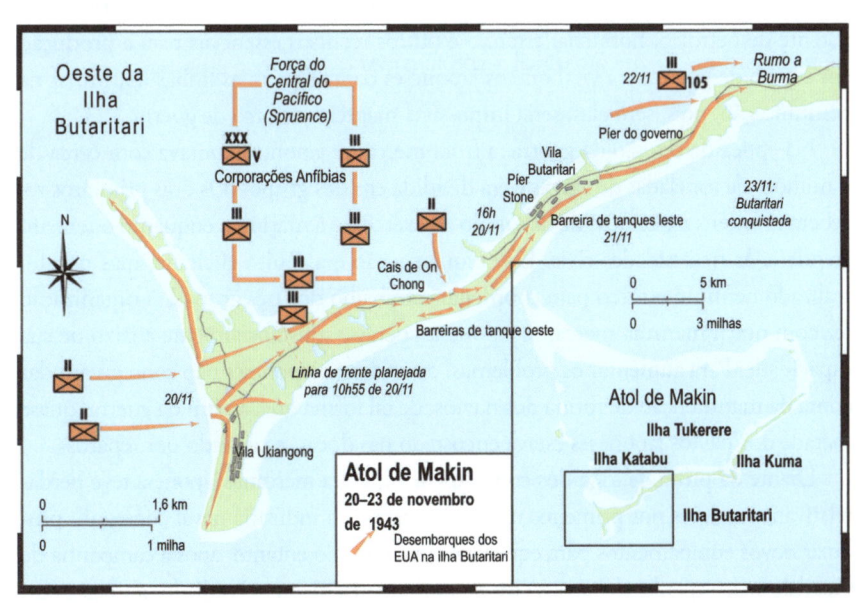

condições do mar e dos recifes de corais perto das ilhas. Algumas das embarcações foram danificadas enquanto se aproximavam e ficaram à deriva até serem resgatadas. Os fuzileiros navais que chegaram à praia descobriram que os defensores japoneses tinham se assustado com o bombardeio de preparação e ofereceram pouca resistência. Pela tarde, Roi já estava em mãos americanas.

Namur foi mais difícil, pois o terreno de vegetação fechada reduziu a eficácia do bombardeio. Os japoneses tinham posições defensivas fortes, nas quais se impuseram com grande tenacidade. Quando um bunker japonês de munição explodiu, matando e ferindo os soldados que o atacavam, os americanos ficaram abalados por várias horas, e o clima para continuar foi perdido pelo resto do dia. Apenas quando mais tanques e homens de Roi desembarcaram que as posições japonesas restantes foram tomadas.

Kwajalien também tinha terreno acidentado, e a infantaria levou até o início da noite para penetrar nos limites do campo aéreo no centro da ilha. A luta nos três dias seguintes foi feroz, com os americanos forçados a fazer muito uso dos tanques e de lança-chamas para desalojar os defensores. Nenhum dos membros da guarnição japonesa sobreviveu à luta.

NAVIOS MERCADORES JAPONESES

Uma das principais razões para os japoneses iniciarem seu ambicioso programa de expansão territorial estava na necessidade de matérias-primas, indisponíveis em seu próprio território. Para garantir que a indústria japonesa tivesse uma fonte consistente de petróleo, borracha, estanho e outros recursos essenciais para a produção em tempo de guerra, era vital que os japoneses controlassem as linhas marítimas de comunicação, pois, sem elas, seria impossível manter o esforço de guerra.

Na época da eclosão da guerra, a frota mercante japonesa contava com cerca de 6 milhões de toneladas de cargas e era dividida em três grupos. Os dois primeiros receberam ordens específicas de dar apoio ao exército e à marinha, enquanto o terceiro atenderia às necessidades civis. Esse esquema não era muito eficiente, mas não foi realizado nenhum esforço para coordenar o trabalho dos três grupos. A organização fez com que a marinha mercante japonesa operasse substancialmente abaixo de sua capacidade. Para aumentar os problemas, os estaleiros japoneses não conseguiam dar conta da manutenção de rotina dos navios, de tal forma que, ao fim da guerra, quase metade dos navios japoneses estava encostado nas docas, esperando por reparos.

Diante da prova de fogo dos combates, a esquadra mercante japonesa teve perdas relativamente leves nos primeiros meses da guerra, e a indústria naval conseguiu produzir novos equipamentos para equivaler as perdas. No entanto, após a campanha de Guadalcanal, as perdas de navios cresceram dramaticamente. Os Aliados aumentaram o ritmo em que afundavam as embarcações japonesas a partir de 1943, tornando-se particularmente efetivos no fim daquele ano. Os sucessos americanos obrigaram os navios mercadores japoneses a entrar em águas patrulhadas por aviões Aliados — quando encontrados, a chance de os navios escaparem dos ataques era mínima.

Em novembro de 1943, os japoneses finalmente realizaram tentativas de superar as ameaças oferecidas pelos submarinos inimigos, introduzindo um sistema

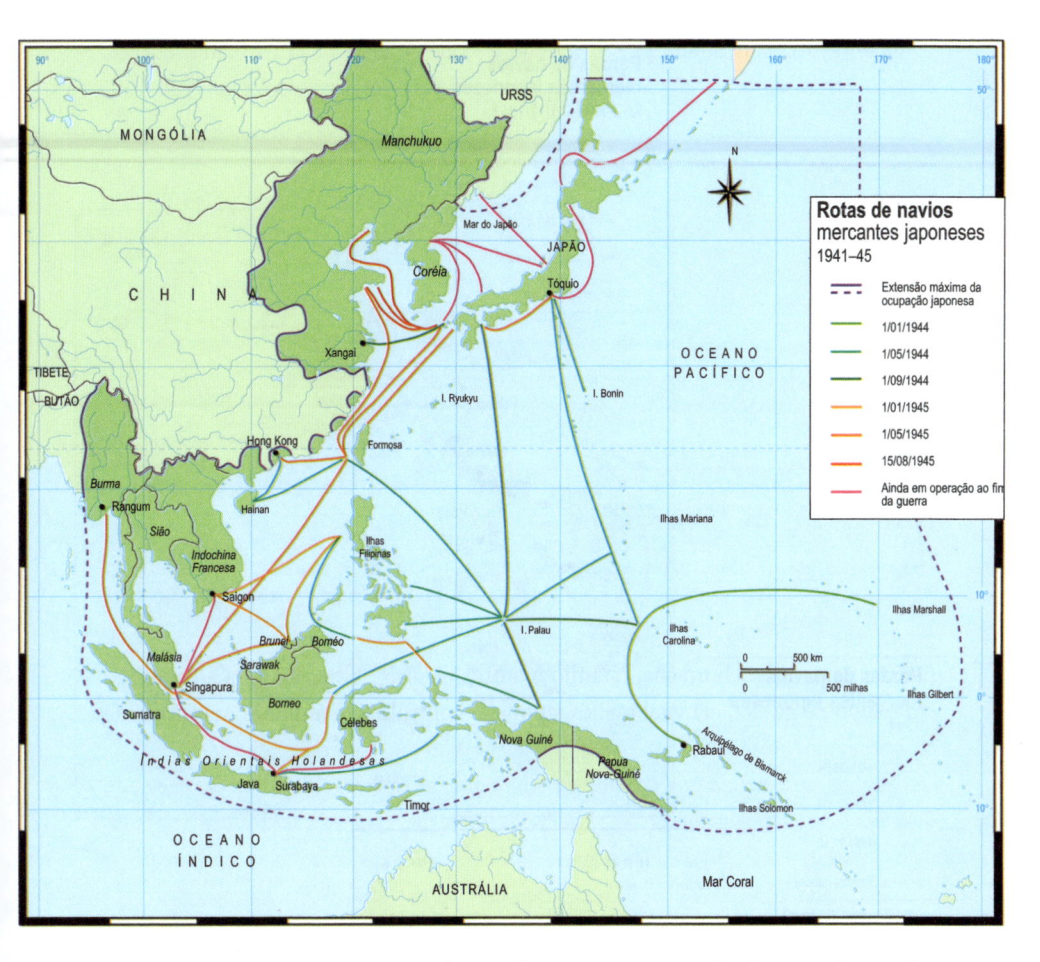

MARINHA MERCANTE

Os japoneses dependiam muito da marinha mercante para explorar os novos territórios. No entanto, depois de 1942, as perdas navais cresceram substancialmente e se tornaram cada vez mais sérias. Os submarinos Aliados, com o apoio dos ataques aéreos, causavam enormes estragos. Ao fim de 1944, o Japão já tinha perdido o controle dos mares e a maior parte de sua marinha mercante tinha deixado de existir.

de comboio, mas era tarde demais. As perdas mensais passavam de 200.000 toneladas de mercadoria, e essa média alarmante se manteve praticamente pelos quatorze meses seguintes.

As perdas se tornaram ainda mais substanciais quando os americanos começaram com as operações ofensivas nas Índias Holandesas Orientais e nas Filipinas, até que, ao fim de 1944, a marinha mercante japonesa estava na beira de um colapso. Em agosto de 1945, os japoneses tinham navios para garantir apenas quatro meses de abastecimento — supondo que não houvesse mais perdas. Ao fim da guerra, os americanos e seus aliados tinham conseguido bloquear uma nação industrial ao ponto da derrota.

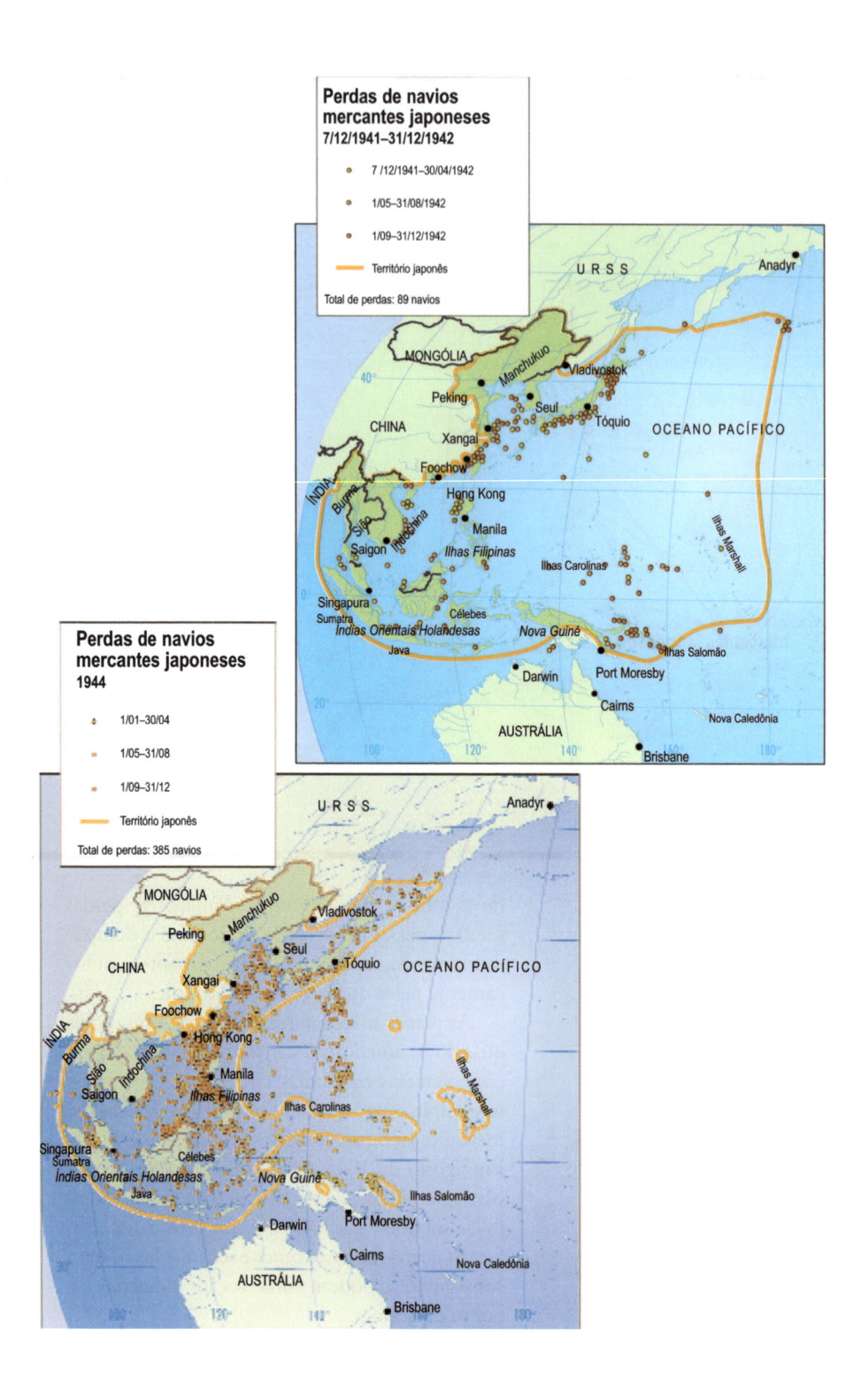

Perdas de navios mercantes japoneses
7/12/1941–31/12/1942

- 7/12/1941–30/04/1942
- 1/05–31/08/1942
- 1/09–31/12/1942

— Território japonês

Total de perdas: 89 navios

Perdas de navios mercantes japoneses
1944

- 1/01–30/04
- 1/05–31/08
- 1/09–31/12

— Território japonês

Total de perdas: 385 navios

Perdas de navios mercantes japoneses 1943

- 1/01–30/04
- 1/05–31/08
- 1/09–31/12
- Território japonês

Total de perdas: 157 navios

Perdas de navios mercantes japoneses 1945

- 1/01–30/04
- 1/05–15/08
- Território japonês

Total de perdas: 550 navios

A GUERRA NO PACÍFICO 93

BATALHA DO MAR DAS FILIPINAS

A invasão de Saipan em junho de 1944 foi idealizada pelos japoneses como uma reação ao fato de que a perda das ilhas Marianas fornecia aos americanos bases para aviões bombardeiros com um poder de alcance que incluía o próprio Japão. Para impedir essa possibilidade, os japoneses decidiram empregar todos os porta-aviões que restavam numa ação para expulsar os americanos.

Os japoneses pretendiam usar a base de Guam, de onde um grande número de aeronaves atacaria os porta-aviões americanos, sabendo que ficariam além do alcance dos aviões inimigos. A teoria era perfeita, mas, na prática, a operação deu completamente errado. O problema era que a Força-Tarefa 58 tinha mudado de posição para atacar os campos aéreos das ilhas Marianas — e massacrou totalmente os aviões com base lá, para que não houvesse ameaças aos porta-aviões americanos durante a invasão das ilhas Marianas — e estava bem no meio do caminho.

TIRO AO PATO

A Batalha do Mar das Filipinas foi um desastre para os japoneses. A destruição das suas aeronaves com base na praia pela Força-Tarefa 58 acabou com os planos de superar os americanos com base em um ataque aéreo. Quando o porta-aviões japonês bateu de frente com as defesas americanas em força total, uma combinação de fogo de artilharia antiaérea e de caças de defesa massacrou os atacantes aos montes, numa ação conhecida como "O Grande Tiro ao Pato em Marianas". Para piorar, o porta-aviões Taiho foi afundado pelo submarino norte-americano Albacore e, três horas depois, o submarino Cavella afundou o Shokaku.

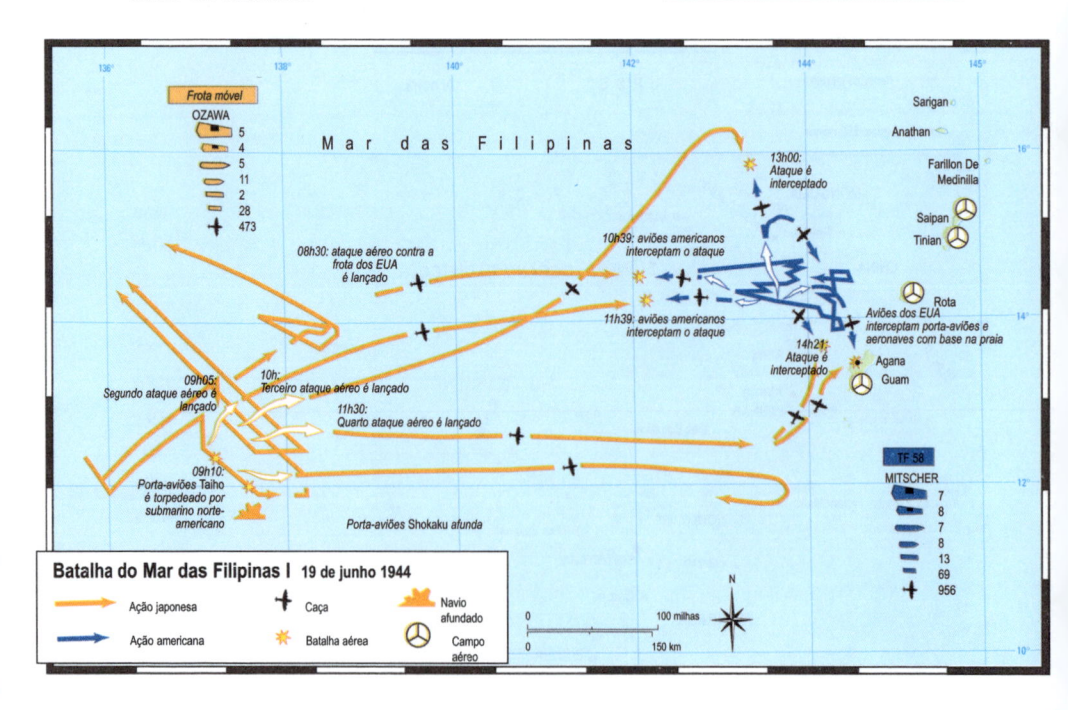

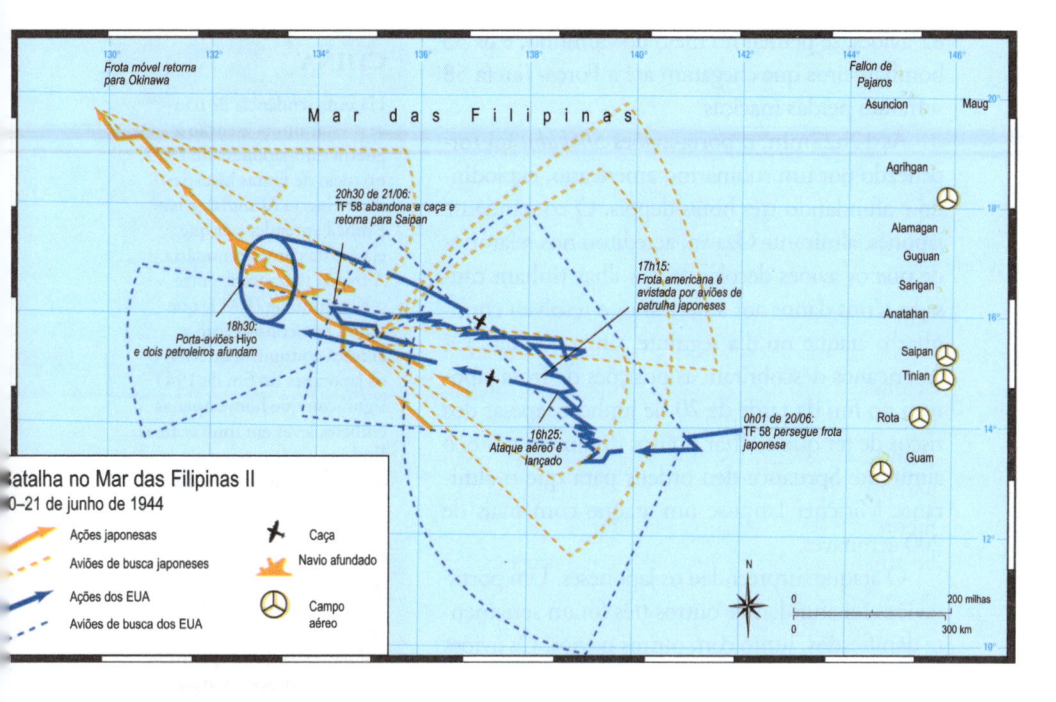

Batalha no Mar das Filipinas II
20–21 de junho de 1944

- Ações japonesas
- Aviões de busca japoneses
- Ações dos EUA
- Aviões de busca dos EUA
- Caça
- Navio afundado
- Campo aéreo

FUGA

O dia seguinte ao desastre nas ilhas Marianas começou com as duas frotas inimigas navegando por caminhos paralelos na maior parte do dia. Quando os americanos perceberam isso, lançaram um ataque no fim da tarde. Os aviões americanos conseguiram afundar o *Hiyo* e dois navios-tanques e danificaram vários outros navios japoneses.

Os aviões americanos que resistiram à ação voltaram para os porta-aviões no escuro, quase sem combustível. Mitscher ordenou que seus navios acendessem toda a iluminação, apesar do risco representado pelos submarinos, o que permitiu que mais de 100 aeronaves pousassem em segurança, enquanto outras 80 fizeram pousos de emergência nas proximidades da esquadra, e a maior parte de suas tripulações foi resgatada.

Os japoneses mandaram nove porta-aviões (seis leves e três esquadras) com cinco couraçados, doze cruzadores, 27 destróieres e 24 submarinos — uma força impressionante, até ser comparada com os quinze porta-aviões da Força-Tarefa 58 (oito leves e sete esquadras), além dos sete couraçados, 21 cruzadores, 62 destróieres e 25 submarinos.

Em 19 de junho, a principal força japonesa lançou seu primeiro ataque contra os porta-aviões americanos e viu a artilharia antiaérea e os caças de defesa inimigos derrubarem 42 das 69 aeronaves que participavam da ação, enquanto os japoneses danificaram apenas levemente o couraçado *South Dakota*. Um segundo ataque se seguiu, mas apenas minutos depois do seu lançamento um dos porta-aviões japoneses foi torpedeado por um submarino americano e afundou. Dos 110 aviões japoneses participando da ação, 79 foram derrubados e reduzidos a pedaços pelos americanos. Um terceiro ataque de 47 aeronaves conseguiu evadir as defesas da linha de batalha americana, mas encontrou poucos alvos. O último ataque do dia, de

82 aviões, se perdeu no meio do caminho, e os 33 bombardeiros que chegaram até a Força-Tarefa 58 sofreram perdas maciças.

Às 12h22min, o porta-aviões *Shokaku* foi torpedeado por um submarino americano, explodindo e afundando três horas depois. O comandante japonês, almirante Ozawa, acreditou nos relatórios de que os aviões decolando das ilhas tinham causado sérios danos aos americanos e resolveu continuar o ataque no dia seguinte, um erro fatal. Os americanos descobriram as posições da frota japonesa no fim da tarde de 20 de junho e, apesar dos riscos de ter que realizar pousos durante a noite, o almirante Spruance deu ordens para que o almirante Mitscher lançasse um ataque com mais de 200 aeronaves.

O ataque surpreendeu os japoneses. Um porta-aviões foi afundado e outros três foram seriamente danificados, junto com outros navios. Os aviões americanos retornaram para os navios no escuro; em uma iniciativa que aumentou a admiração de seus pilotos por ele, Mitscher deu ordens para que todos os navios em sua força acendessem as luzes. Cento e dezesseis aviões americanos pousaram em segurança, e outros 80 fizeram pousos de emergência no oceano, nas proximidades dos navios, com a maioria da tripulação sendo resgatada.

A Batalha do Mar das Filipinas marcou o fim efetivo da aviação japonesa e, com os japoneses sem conseguir impedir os pousos nas ilhas Marianas, garantiu que os aviões bombardeiros americanos seriam logo vistos em grande número no Japão.

CHINA 1937–44

O envolvimento japonês na China começou em 1931, com a conquista da Manchúria. A ação não encontrou muita resistência, pois a China estava no meio de uma guerra civil. Em 1937, os japoneses começaram a suspeitar que os nacionalistas e os comunistas chineses tivessem chegado a um acordo (o Acordo de Sião, de dezembro de 1936) com o objetivo de lutar contra o Japão. Em con-

CHINA

Há uma tendência de não se prestar muita atenção à guerra sino-japonesa de 1937, no meio de tantas histórias da II Guerra Mundial, e não é difícil entender por que ela é vista como secundária. A trégua temporária entre o Kuomintang (KMT, que estava preocupado com a ameaça comunista interna) e os japoneses no fim de 1941 significou que houve apenas embates leves em muitas áreas. Embora americanos e ingleses não aprovassem o comportamento do seu aliado nessa questão, eles tentaram tirar o melhor da situação, com o objetivo de fornecer abastecimentos para os chineses por Burma enquanto a situação da guerra permitia. A guerra também colocou em lados opostos o Japão e a União Soviética —em 1938 e 1939, os soviéticos reforçaram suas guarnições de fronteira com a China, o que provocou um confronto em Changkufen e na ponte Nomohan; nesta última, o Exército Vermelho, sob o comando de Zhukov, conquistou a vitória, e os japoneses se voltaram para outras partes mais fáceis de conquistar da China. A última grande ação ofensiva japonesa na China aconteceu em 1944, com a operação Ichi-Go, destinada a impedir que os americanos tivessem acesso a bases aéreas chinesas. A ofensiva conseguiu conquistar os campos aéreos com sucesso, impedindo que eles fossem usados para ações de bombardeio do império japonês, mas a campanha foi largamente irrelevante, já que os americanos tinham bases aéreas de sobra com a conquista das ilhas Marianas.

Guerra na China
Julho de 1937–Dezembro de 1944

- Território conquistado até julho de 1937
- Território conquistado até fim de 1941
- Território conquistado até dezembro de 1944, depois das operações Ichi-go
- Território controlado por comunistas após 1935
- Principais avanços japoneses 1937–41
- Linhas de avanço da Operação Ichi-go
- Conflitos japoneses com a URSS em 1939

Nomohan 1939: Forças japonesas derrotadas pelo Exército Vermelho sob o comando de Zhukov

Chungking Capital nacional em estado de emergência

Estrada Burma Rota de abastecimento da Índia

A GUERRA NO PACÍFICO 97

sequência, os japoneses lançaram uma invasão com força total ao norte e centro da China, conquistando grande parte do território com considerável brutalidade contra os civis chineses. Os japoneses continuaram com a expansão em 1938 e, embora não tivessem soldados o suficiente para controlar todas as áreas que conquistaram, seguiram em frente para tomar controle de cidades importantes ao sul de Yangtze em 1941.

O governo do Kuomintang (KMT, o Partido Nacionalista Chinês) de Chiang Kai-shek e as forças comunistas de Mao Tsé-Tung passaram os três anos seguintes lutando contra os japoneses e entre si mesmas. Em muitos locais, o KMT, que supostamente estava em guerra com os japoneses, não se importava de fazer negócios com eles. Os motivos de Chiang para tanto estavam na sua crença de que os Aliados derrotariam os japoneses, e ele precisava preservar suas forças para lutar contra os comunistas depois que a guerra acabasse.

Os americanos (aliados oficiais de Chiang) concluíram que não podiam confiar nas forças do KMT e limitaram a ação ofensiva na China ao estabelecimento de bases aéreas de onde bombardeariam o Japão. Isso levou às ofensivas Ichi-Go no sul da China entre maio e dezembro de 1944. Os japoneses conseguiram conquistar o território em que as bases aéreas se localizavam, mas, nessa altura, os americanos já tinham conquistado as ilhas Marianas e não precisavam mais dos campos aéreos chineses. Embora o Japão tenha terminado 1944 com uma posição na China que parecia ser ainda mais forte do que antes, isso tinha pouca importância na Guerra no Pacífico.

A SEGUNDA CAMPANHA DO ARAKAN

A estrutura de comando Aliado em Burma sofreu alterações em 1943, depois da derrota da primeira campanha em Arakan. O general Sir Archibald Wavell foi nomeado vice-rei da Índia (e ganhou o título de Lord), e o comando supremo das forças inglesas foi assumido pelo general Sir Claude Auchinleck. A força de Auchinleck agora fazia parte do Comando do Sul da Ásia Oriental, do Lord Louis Mountbatten, e, dentro dessa nova estrutura, teve início uma substancial reorganização, como preparativo para as operações futuras. O 11º Grupo de Exército foi reunido, contendo o 14º Exército, comandado pelo Tenente-general William Slim. Slim nomeou o XV Corpo de Exército, do Tenente-general Philip Christison, como a formação responsável pela segunda campanha na península do Arakan (noroeste de Burma), iniciando parte das operações renovadas contra o Japão.

O plano da campanha Aliada para Burma em 1944 previa a reocupação do norte do país, restabelecendo as comunicações com a China pela estrada de Burma, o que possibilitaria o envio de suprimentos para os chineses. As linhas de comunicação na Índia foram aperfeiçoadas, com uma grande base logística sendo estabelecida em Kohima, pronta para a ofensiva. Foi como uma preliminar para esse objetivo que teve início a segunda campanha do Arakan, no início de janeiro de 1944. As 5ª e 7ª Divisões Indianas avançaram para Arakan, uma de cada lado da extensão de Mayu,

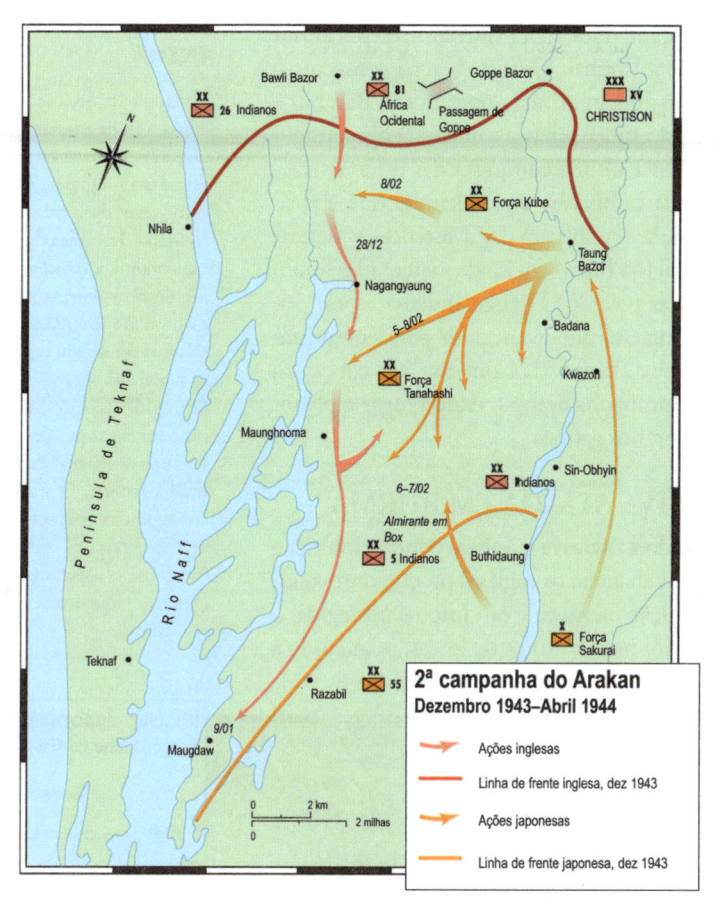

ARAKAN

A segunda campanha do Arakan usou as 5ª e 7ª Divisões Indianas para lançar uma ofensiva contra o XV Corpo de Exército. A ação teve algum sucesso no seu início, mas foi isolada pela 55ª Divisão Japonesa do general Hanaya em uma área conhecida como 'Caixa Administrativa' perto de Sinzweya.

As divisões contavam com apoio aéreo, até que o cerco foi rompido em 25 de fevereiro. Os japoneses então se retiraram, perseguidos pelas duas divisões.

com Maungdaw e Buthidaung como objetivos. Os japoneses, enquanto isso, decidiram lançar uma contra-ofensiva na Índia. Para enfraquecer as defesas, era prudente tentar atrair tantas unidades inglesas quanto possível para o Arakan, e as operações para isso começaram em fevereiro de 1944.

Em 4 de fevereiro, a 5ª Divisão Indiana tinha sido flanqueada pelos japoneses, que então atacaram a área administrativa da XV Corporação em Sinzweya. Apoio aéreo da RAF e da USAAF (a Força Aérea dos EUA) garantiu que os soldados ingleses e indianos mantivessem suas posições, até que a 26ª Divisão Indiana e a 36ª Divisão Inglesa foram enviadas para ajudar a romper o cerco. Em meados de fevereiro, os japoneses estavam convencidos de que defender Sinzweya era inútil e se retiraram. Eles agora queriam se concentrar no ataque a Imphal. Quando a ação começou, a 5ª Divisão Indiana tinha conquistado Razabil, e a 7ª Divisão Indiana havia tomado Buthidaung.

Essa foi a última conquista das duas divisões na segunda campanha do Arakan, já que elas tiveram que se retirar para dar assistência às defesas em Imphal (na Índia) em 22 de março. Elas foram substituídas pela 26ª Divisão Indiana e pela 36ª Divisão Inglesa, que avançaram para conquistar Maungdaw e Point 551. Com essa área coberta, a segunda campanha acabou, dando lugar a planos para explorar os ganhos.

OFENSIVA ALIADA EM BURMA

Quando a ofensiva japonesa contra Kohima e Imphal foi abafada, os ingleses procuraram voltar para a posição ofensiva. Com Imphal protegida, o general Slim reorganizou suas forças, mandando a

ÍNDIA

Os japoneses decidiram atacar a Índia enquanto a segunda campanha do Arakan estava em progresso, tendo como alvos duas cidades de fronteira, Kohima e Imphal. No entanto, a resistência foi inesperadamente feroz, e um sólido sistema de reforços conseguiu segurar os japoneses por meses. Por fim, o 15º Exército japonês cancelou o ataque, depois de ver mais de 30.000 de seus homens morto. O ataque não conseguiu incendiar o levante anti-Inglaterra na Índia, como os japoneses esperavam, e ainda enfraqueceu as defesas em Burma.

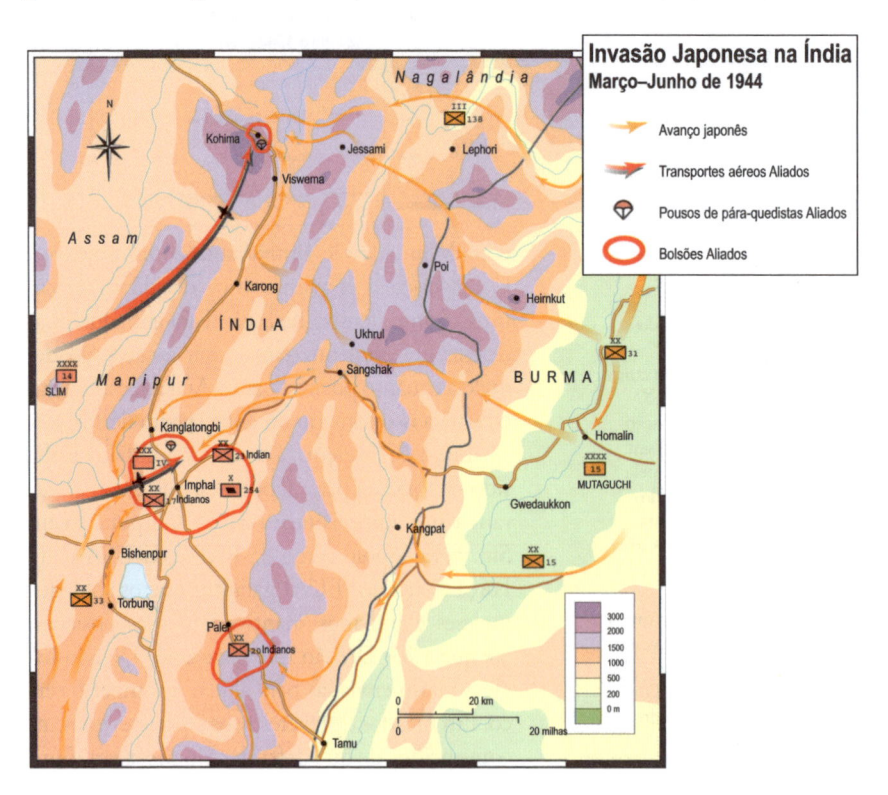

IV Corporação e a 50ª Brigada de paraquedistas para a retaguarda, para um período de descanso, e destacando a XXXIII Corporação para perseguir a 33ª Divisão. Enquanto isso, a 36ª Divisão inglesa avançou para cerca de 160 km de Mandalay. O plano de Slim para a reconquista de Burma, a Operação Capital Estendido, também pedia que a 19ª Divisão Indiana cruzasse o rio Irrawaddy na direção do mesmo objetivo, enquanto a IV Corporação avançaria pelo Vale de Gangaw, seguindo para o centro de comunicação em Meiktila, localizado a 128 km de Mandalay.

As linhas de abastecimento de Imphal para as unidades de frente estavam sob o risco de serem estendidas demais pelo avanço, então a XV Corporação foi usada para conquistar campos aéreos para uso de aviões de carga da RAF. Um ataque anfíbio pelo 3º Comando de Brigada da Corporação na ilha de Akyab foi seguido por outro ataque da 71ª Brigada da 25ª Divisão em Myebon. A 71ª Brigada conquistou o topo da ilha de Ramree e estabeleceu uma posição segura; o restante da divisão seguiu em frente e expulsou os japoneses, permitindo que a RAF avançasse e fizesse uso da pista de voo da ilha para abastecer as forças Aliadas no país.

Abaixo: soldados japoneses avançam pela floresta de Burma na direção de Kohima e Imphal, carregando suas armas de artilharia. O ataque à Índia foi uma tentativa de incitar a rebelião no país com os nacionalistas indianos, o que teria ocupado a maior parte das tropas inglesas na região, dando ao Japão uma valiosa pausa para se concentrar nos americanos no Pacífico. Infelizmente para eles, Kohima e Imphal resistiram.

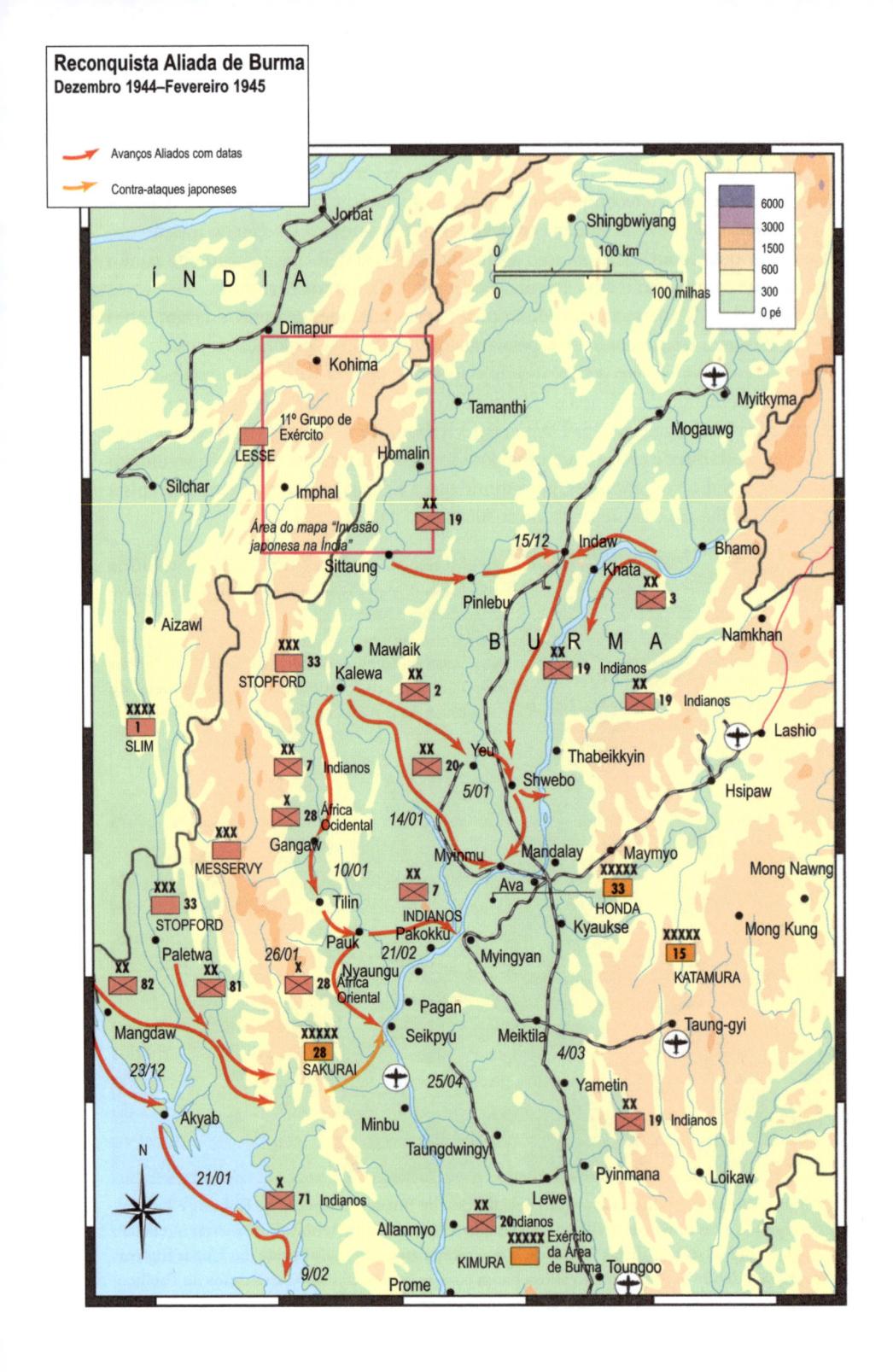

Reconquista Aliada de Burma
Dezembro 1944–Fevereiro 1945

→ Avanços Aliados com datas
→ Contra-ataques japoneses

Área do mapa "Invasão japonesa na Índia"

ÍNDIA

Jorbat · Shingbwiyang · Dimapur · Kohima · Tamanthi · Myitkyma · Mogauwg · Silchar · LESSE · 11º Grupo de Exército · Homalin · Imphal · Sittaung · 19 · 15/12 · Indaw · Bhamo · Pinlebu · Khata · 3 · Aizawl · Mawlaik · 33 STOPFORD · Kalewa · 2 · 19 Indianos · Namkhan · 19 Indianos · Lashio · 1 SLIM · 7 Indianos · 20 · Yeu · 5/01 · Thabeikkyin · Shwebo · Hsipaw · 28 África Ocidental · 14/01 · Gangaw · Myinmu · Mandalay · Maymyo · Mong Nawng · MESSERVY · 10/01 · 7 · Ava · 33 HONDA · 33 STOPFORD · Tilin · INDIANOS · Kyaukse · Mong Kung · Paletwa · Pauk · Pakokku · 21/02 · Myingyan · 15 KATAMURA · 82 · 81 · 28 Nyaungu África Oriental · Pagan · Meiktila · Taung-gyi · Mangdaw · 28 SAKURAI · Seikpyu · 4/03 · Yametin · 23/12 · 25/04 · Minbu · Pyinmana · Loikaw · Akyab · Taungdwingyi · 19 Indianos · 21/01 · 71 Indianos · Allanmyo · Lewe · 20 Indianos · KIMURA Exército da Área de Burma · Toungoo · 9/02 · Prome

BURMA

NOVA OFENSIVA

Com o ataque japonês a Imphal frustrado, os Aliados estavam em condições de expulsar os inimigos de Burma. Depois de reorganizar suas forças, o general Sir William Slim, comandante do 14ª Exército Anglo-Indiano, fez planos para a invasão de Burma, pretendendo expulsar os japoneses de uma vez por todas.

A parte principal do esquema de Slim envolvia o ataque a Meiktila e Mandalay, com o objetivo de encurralar os 15º e 33º Exércitos japoneses em um movimento de ação dupla, cortando as rotas de abastecimento de Rangum ao sul. O plano japonês era recuar para o rio Irrawaddy e contra-atacar qualquer tentativa de cruzar o rio, usando sua logística superior para segurar os soldados Aliados.

Slim instruiu a 19ª Divisão Indiana e a XXXIII Corporação a seguir diretamente para cruzar o rio perto de Mandalay, como esperado pelos japoneses. Ao mesmo tempo, ele deixou uma sede falsa da IV Corporação transmitindo ordens normalmente para enganar os japoneses, enquanto enviava as 7ª e 17ª Divisões pelo sul, para cruzar o rio Irrawaddy abaixo de Mandalay e isolar os japoneses ao norte.

Os soldados cruzando o rio ao norte encontraram forte oposição. A 19ª Divisão assegurou uma posição firme no rio a partir de 14 de janeiro, enquanto a XXXIII Corporação fez o mesmo em 12 de fevereiro. As 7ª e 17ª Divisões, cruzando o rio ao sul, praticamente não encontraram resistência.

Acima: comandos ingleses desembarcam em Akyab em 3 de janeiro de 1945 como parte da Operação Talon, que pretendia construir uma nova base aérea para a Força Aérea Real na costa de Burma. A base permitiria o abastecimento do 14º Exército de Slim, que avançava pelo interior do país. A abertura de uma rota aérea de abastecimento foi vital para manter o ritmo rápido do avanço Aliado na tomada de Meiktila pela 17ª Divisão em março e, posteriormente, quando os homens de Slim seguiram na direção de Rangum.

SAIPAN, GUAM E TINIAN

No início de 1944, os americanos estavam procurando estabelecer bases das quais pudessem atingir vários objetivos desejáveis. A intenção era conquistar territórios que permitissem que eles atravessassem as rotas aéreas e marítimas japonesas, neutralizassem a base japonesa em Truk, fornecessem apoio para futuras ações ofensivas contra as Filipinas e começassem o bombardeio direto contra o Japão. As ilhas Marianas atendiam a esses critérios quase completamente, e os Chefes Adjuntos do Estado-Maior autorizaram a captura da parte sul do arquipélago de Marianas (ilhas de Saipan, Guam e Tinian), sob os auspícios da Operação Plagiário.

Quatro dias antes da ação, a Força-Tarefa 58, do almirante Marc Mitscher, realizou bombardeios pesados nas ilhas Marianas, começando com ataques aéreos. Os caças de ataque lançados pelos porta-aviões da Força-Tarefa 58 destruíram mais

AS ILHAS MARIANAS

As ilhas Marianas ofereciam muitos benefícios estratégicos para os americanos, entre eles o fato de que o arquipélago serviria como uma base excelente para ações de bombardeio de longo alcance contra o Japão. A decisão de conquistar as ilhas, começando por Saipan, não foi difícil de tomar para os Chefes Adjuntos do Estado-Maior, e as preparações tiveram início com pesado bombardeio por ar e pelo mar contra Saipan, Tinian, Guam e Rota em 11 de junho de 1944. A força de invasão desembarcou em 15 de junho e, apesar da resistência, assegurou uma posição segura no fim do dia — a ilha foi conquistada em 9 de julho.

A atenção foi desviada do embate nas ilhas pela chegada da frota japonesa. O cenário fez a marinha norte-americana deixar a região para combater o inimigo na Batalha do Mar das Filipinas. Quando a batalha foi concluída com vitória para os Aliados, os navios voltaram para prestar apoio, embora sua ausência tenha adiado o ataque a Guam.

Guam foi atacada em 21 de julho e, mesmo com a considerável resistência japonesa, os americanos conseguiram conquistar a ilha em dez dias.

Por fim, Tinian foi atacada em 24 de julho e foi talvez a mais bem-sucedida das três operações. O número de mortes entre os americanos foi baixo em comparação aos ataques a Saipan e Guam, com a maior parte da ilha caindo em mãos americanas em quatro dias. Assim, a ilha foi declarada conquistada em 1º de agosto.

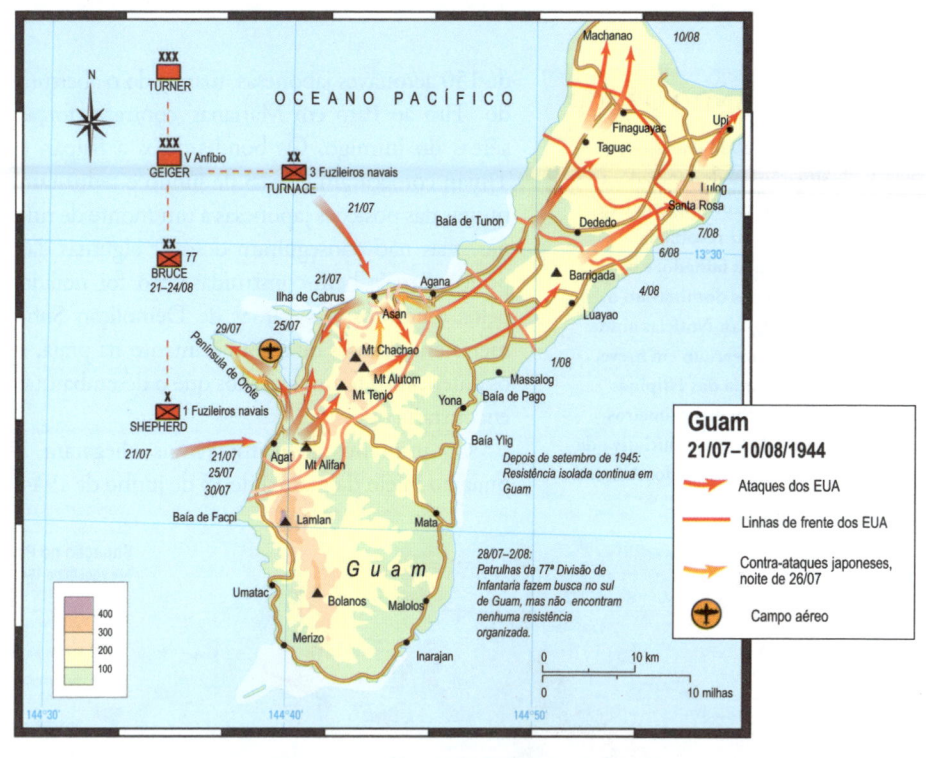

Guam
21/07–10/08/1944

- Ataques dos EUA
- Linhas de frente dos EUA
- Contra-ataques japoneses, noite de 26/07
- Campo aéreo

Depois de setembro de 1945: Resistência isolada continua em Guam

28/07–2/08: Patrulhas da 77ª Divisão de Infantaria fazem busca no sul de Guam, mas não encontram nenhuma resistência organizada.

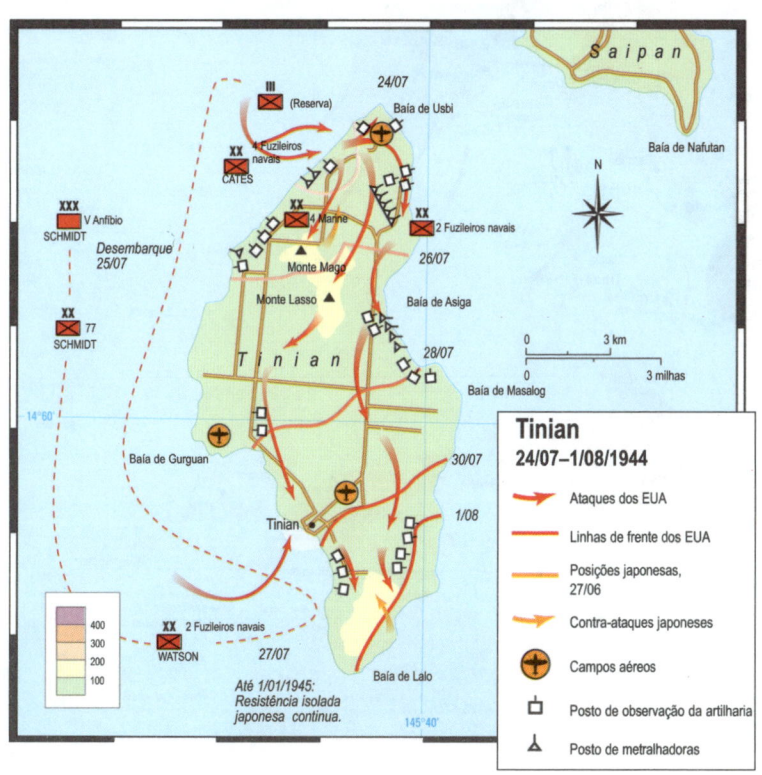

Tinian
24/07–1/08/1944

- Ataques dos EUA
- Linhas de frente dos EUA
- Posições japonesas, 27/06
- Contra-ataques japoneses
- Campos aéreos
- Posto de observação da artilharia
- Posto de metralhadoras

Até 1/01/1945: Resistência isolada japonesa continua.

A GUERRA NO PACÍFICO

APERTANDO O LAÇO

Quando 1945 começou, a situação era desesperadora para o Japão. Sua tentativa de provocar revolta na Índia tinha falhado, e os americanos dominavam o ar e as águas. Notícias ainda piores chegariam em breve, com a perda das Filipinas e de Burma nos primeiros meses do ano e a iniciativa da batalha nas mãos dos Aliados.

de 150 aeronaves japonesas, marcando o abertura do 'Tiro ao Pato em Marianas' contra as forças aéreas do inimigo. Os bombardeios a Saipan e Tinian começaram em 13 de junho e reduziram muitas das posições japonesas a um monte de ruínas, mas não conseguiram destruir algumas das posições mais bem-construídas. Isso foi notado pelos membros dos Times de Demolição Submersa em missões de reconhecimento na praia, e os americanos foram avisados que o desembarque encontraria oposição.

Os primeiros fuzileiros navais chegaram à praia no início da manhã de 15 de junho de 1944

e, ao cair da noite, tinham estabelecido duas posições seguras, enfrentando grande resistência. Um contra-ataque inimigo foi contido pela artilharia naval. Diante da resistência, a 27ª Divisão de Infantaria foi levada para a praia para dar assistência. A luta ferrenha continuou, mas, depois de uma semana, os americanos controlavam quase toda a parte sul da ilha; depois de dez dias, eles tinham quase todas as instalações importantes do local. Isso não impediu que os japoneses continuassem a lutar, e foram necessárias outras três semanas para que os americanos tomassem a ilha.

O segundo desembarque foi em Guam. A invasão tinha sido planejada para ocorrer logo depois da ação em Saipan, mas a Batalha do Mar das Filipinas desviou a atenção da marinha, e a necessidade de empregar toda a 27ª Divisão de Infantaria em Saipan significava que não havia mais reservas; por isso, o desembarque foi adiado até 21 de julho. Como em Saipan, a resistência japonesa foi determinada, mas não conseguiu segurar o ataque. Um grande contra-ataque japonês na noite de 25 para 26 de julho foi derrotado e, ao fim do mês, os americanos já controlavam a maior parte da ilha. A resistência organizada caiu em 10 de agosto, mas os últimos soldados japoneses em Guam não se renderam até 1960, totalmente alheios ao fato de que a guerra tinha acabado há 15 anos.

Tinian era o alvo final, e os fuzileiros navais desembarcaram em 24 de julho de 1944. O desembarque foi particularmente bem-sucedido — ao cair da noite, mais de 15.000 homens estavam na praia, com apenas 15 mortes durante o processo. A ilha foi conquistada em nove dias, com 394 mortes americanas, contra a perda de uma guarnição inteira de 9.000 japoneses. Com as ilhas Marianas asseguradas, os americanos poderiam avançar contra o próprio Japão.

SITUAÇÃO NO PACÍFICO NO FIM DE 1944 E NO INÍCIO DE 1945

Ao fim de 1944, os Aliados avançavam inexoravelmente no cenário do Pacífico. O império japonês ainda cobria uma grande área geográfica, que estava sendo reduzida progressivamente conforme os submarinos e aviões Aliados interditavam as linhas de comunicação que uniam as partes separadas do território japonês.

A conquista mais significativa entre setembro de 1944 e janeiro de 1945 foi a Filipinas, libertada depois de uma luta amarga. O general MacArthur cumpriu sua promessa de retornar e começou a se focar nos últimos esforços necessários para avançar no território principal japonês. No sul da Ásia, forças inglesas e indianas impediram a tentativa japonesa de invasão da Índia e romperam os cercos a Imphal e Kohima. Depois de um período para reagrupamento, os ingleses seguiram para Burma, de modo que, no início de 1945, o país estava quase totalmente livre de soldados japoneses, com apenas os bolsões isolados de resistência sobrando. O próximo alvo óbvio para o avanço anglo-indiano era a reconquista da Malásia e de Singapura, uma tarefa planejada para o meio do ano. As Índias Orientais Holandesas apresentavam alguns problemas para a ação de reconquista, dado o tamanho do seu território, mas o princípio de 'pular ilhas' — ignorar as áreas que não precisavam ser conquistadas para impor a derrota aos japoneses — foi útil: as forças japonesas nas ilhas que não eram ameaça para a Austrália ou para qualquer outro território Aliado poderiam ser deixadas de lado.

Restava ainda o ataque ao próprio Japão. A próxima fase das operações envolveu os americanos se aproximando e conquistando as ilhas próximas ao Japão para permitir a ação contra o país. Os planos para os desembarques no Japão estavam avançados, mas a preocupação com o número de mortes que a ação causaria começou a crescer, já que não havia dúvidas de que os japoneses lutariam para proteger cada metro de seu país. Essa consideração foi um fator principal para a decisão de usar bombas atômicas nos alvos japoneses, com a esperança de induzir uma rendição sem invasão — mas isso era para o futuro. Quando o verão de 1945 chegou, estava claro que a derrota do Japão estava próxima — a questão agora era de quantas vidas seriam perdidas até a vitória.

RETORNO PARA AS FILIPINAS

A campanha para libertar as Filipinas foi extremamente controversa. Os líderes da marinha norte-americana não viam motivos para atacar a ilha e desalojar os japoneses, considerando que eles não apresentavam ameaça ao avanço Aliado. Eles propunham ignorar essas ilhas e atacar Formosa. O general MacArthur, ansioso para cumprir sua promessa de retorno, argumentou acaloradamente a favor da opção filipina.

O debate foi encerrado quando a marinha concluiu que os japoneses seriam obrigados a usar o que restava de sua força naval na defesa das Filipinas. Assim, foi traçado um plano para a invasão do arquipélago em dezembro de 1944. No entanto, quando o ataque da Força-Tarefa 38 contra Mindanao encontrou pouca oposição, a data da ação foi adiantada. Uma grande frota de invasão

NOVA OFENSIVA

Com o ataque japonês a Imphal frustrado, os Aliados estavam em condições de expulsar os inimigos de Burma. Depois de reorganizar suas forças, o general Sir William Slim, comandante do 14ª Exército Anglo-Indiano, fez planos para a invasão de Burma, pretendendo expulsar os japoneses de uma vez por todas.

A parte principal do esquema de Slim envolvia o ataque a Meiktila e Mandalay, com o objetivo de encurralar os 15º e 33º Exércitos japoneses em um movimento de ação dupla, cortando as rotas de abastecimento de Rangum ao sul. O plano japonês era recuar para o rio Irrawaddy e contra-atacar qualquer tentativa de cruzar o rio, usando sua logística superior para segurar os soldados Aliados.

Slim instruiu a 19ª Divisão Indiana e a XXXIII Corporação a seguir diretamente para cruzar o rio perto de Mandalay, como esperado pelos japoneses. Ao mesmo tempo, ele deixou uma sede falsa da IV Corporação transmitindo ordens normalmente para enganar os japoneses, enquanto enviava as 7ª e 17ª Divisões pelo sul, para cruzar o rio Irrawaddy abaixo de Mandalay e isolar os japoneses ao norte.

Os soldados cruzando o rio ao norte encontraram forte oposição. A 19ª Divisão assegurou uma posição firme no rio a partir de 14 de janeiro, enquanto a XXXIII Corporação fez o mesmo em 12 de fevereiro. As 7ª e 17ª Divisões, cruzando o rio ao sul, praticamente não encontraram resistência.

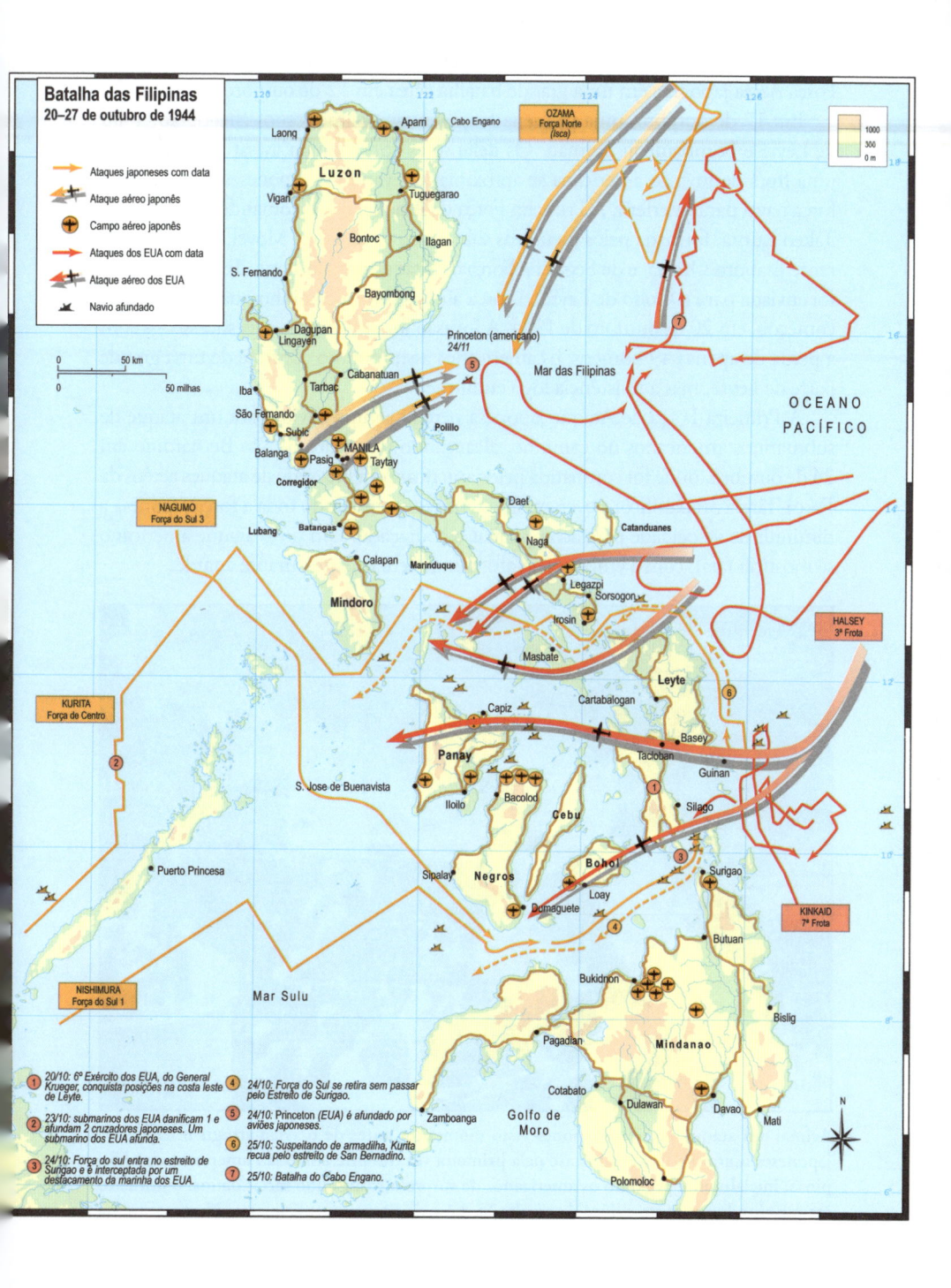

Batalha das Filipinas
20–27 de outubro de 1944

Legenda:
- Ataques japoneses com data
- Ataque aéreo japonês
- Campo aéreo japonês
- Ataques dos EUA com data
- Ataque aéreo dos EUA
- Navio afundado

Forças:
- OZAMA – Força Norte (Isca)
- NAGUMO – Força do Sul 3
- KURITA – Força de Centro
- NISHIMURA – Força do Sul 1
- HALSEY – 3ª Frota
- KINKAID – 7ª Frota

Eventos:
1. 20/10: 6º Exército dos EUA, do General Krueger, conquista posições na costa leste de Leyte.
2. 23/10: submarinos dos EUA danificam 1 e afundam 2 cruzadores japoneses. Um submarino dos EUA afunda.
3. 24/10: Força do sul entra no estreito de Surigao e é interceptada por um destacamento da marinha dos EUA.
4. 24/10: Força do Sul se retira sem passar pelo Estreito de Surigao.
5. 24/10: Princeton (EUA) é afundado por aviões japoneses.
6. 25/10: Suspeitando de armadilha, Kurita recua pelo estreito de San Bernadino.
7. 25/10: Batalha do Cabo Engano.

Localidades mencionadas: Luzon, Laoag, Aparri, Cabo Engano, Vigan, Tuguegarao, Bontoc, Ilagan, S. Fernando, Bayombong, Dagupan, Lingayen, Cabanatuan, Iba, Tarlac, Polillo, São Fernando, Subic, Balanga, Pasig, MANILA, Taytay, Corregidor, Lubang, Batangas, Daet, Calapan, Marinduque, Naga, Catanduanes, Mindoro, Legazpi, Sorsogon, Irosin, Masbate, Leyte, Cartabalogan, Capiz, Basey, Panay, Tacloban, Guinan, S. Jose de Buenavista, Iloilo, Bacolod, Cebu, Silago, Puerto Princesa, Sipalay, Negros, Bohol, Dumaguete, Loay, Surigao, Butuan, Bukidnon, Bislig, Pagadian, Mindanao, Zamboanga, Cotabato, Dulawan, Davao, Mati, Polomoloc, Mar Sulu, Golfo de Moro, Mar das Filipinas, Oceano Pacífico

Princeton (americano) 24/11

A GUERRA NO PACÍFICO 109

foi reunida, e, conforme se aproximava das Filipinas, a Força-Tarefa 38 lançou mais ataques aéreos em alvos de Okinawa ao mar das Filipinas, destruindo a 6ª Base da Força Aérea japonesa em uma grande batalha aérea em 12 de outubro.

Em 17 de outubro, uma pequena força de navios americanos chegou ao Golfo de Leyte e bombardeou Sulman. Os defensores conseguiram avisar por rádio que uma frota de invasão americana se aproximava, levando os japoneses a enviar uma força naval para interferir. A Primeira Força de Ataque, sob o comando do almirante Takeo Kurita, formada pelos membros sobreviventes da Força Móvel, do Vice-almirante Jisaburo Ozawa, e da Segunda Força de Ataque, do almirante Teiji Nishimura, foi enviada para o Golfo de Leyte. A força ainda estava a caminho quando a invasão começou, em 20 de outubro de 1944. A invasão foi um considerável sucesso — com a perda de apenas 49 homens, os americanos assumiram o controle de uma grande parte de Leyte, mas a resistência logo endureceu.

A Primeira Força de Ataque japonesa perdeu alguns navios para um ataque de submarinos americanos no caminho, alcançando o Estreito de São Bernardino em 24 de outubro, onde foi combatida pelos americanos. Uma série de ataques aéreos da Força-Tarefa 38 danificou severamente o *Musashi*, obrigando toda a força japonesa a diminuir de velocidade para acompanhar o couraçado. Um novo ataque americano se mostrou fatal, com a embarcação afundando lentamente durante a tarde.

Acima: um ataque camicase japonês visto momentos antes de o avião atingir o navio. Os japoneses usaram a tática camicase pela primeira vez durante a invasão americana das Filipinas, inicialmente pegando os americanos de surpresa e causando sérios danos: o primeiro ataque afundou o porta-aviões de escolta St. Lô e danificou outros quatro. No entanto, na invasão de Okinawa, os americanos já tinham aprendido como minimizar os riscos dos ataques camicases.

Os navios da Frota Móvel se aproximaram de Luzon na mesma tarde e provocaram os americanos para persegui-los, deixando as praias de desembarque protegidas apenas por porta-aviões de escolta. Nishimura então se aproximou do Estreito de Surigao, mas seus navios foram atacados pela força de destróieres da 7ª Frota norte-americana, que afundou um couraçado e três destróieres japoneses, além de danificar o couraçado *Yamashiro*. Os couraçados e cruzadores da 7ª Frota se uniram e mandaram *Yamashiro* para o fundo do oceano. Enquanto isso, Kurita emergiu do Estreito de São Bernardino e surpreendeu a força dos porta-aviões de escolta que protegiam as praias. Os japoneses poderiam ter causado o caos entre os porta-aviões, mas os americanos ganharam controle da batalha, e Kurita se retirou. Enquanto os porta-aviões de escolta se defendiam dos ataques japoneses, o restante da Força-Tarefa 38 seguia para o norte, para acabar com as forças de Ozawa. Os navios de Ozawa não tinham proteção contra os ataques aéreos americanos, e três porta-aviões japoneses e um destróier foram afundados antes que o almirante Halsey, ciente do perigo para os porta-aviões de escolta, ordenasse o retorno para Samar da maioria da sua frota. Os navios que ficaram para trás afundaram outro porta-aviões inimigo, dois destróieres e um cruzador leve antes que os sobreviventes japoneses se retirassem. A batalha no Golfo de Leyte foi um dos maiores embates navais da história e provou ser decisiva para a vitória dos americanos.

A VITÓRIA DE MACARTHUR

Ao mesmo tempo em que a Batalha do Golfo de Leyte se desenrolava, a invasão das Filipinas começou com um ataque à ilha de Leyte em 20 de outubro de 1944. Depois de um período inicial de sucesso para os americanos, a resistência ferrenha do 35º Exército japonês diminuiu o ritmo da ofensiva a um ponto que acabou atrasando os planos para a invasão de Luzon, que foi adiada para 9 de janeiro de 1945. O impasse em Leyte foi finalmente resolvido quando o Tenente-general Walter Krueger desembarcou uma divisão do seu 6º Exército no lado oeste de Leyte, dividindo as forças japonesas em duas. Quando a divisão chegou à praia, a resistência japonesa se tornou desordenada e então entrou em colapso. A ilha foi tomada em meados de dezembro de 1944, mas bolsões isolados de resistência japonesa continuaram a lutar por algum tempo.

Tudo estava pronto para que o ataque a Luzon acontecesse, e, uma semana antes da data da invasão, uma força naval sob o comando do almirante Jesse B. Oldendorf partiu para bombardear a ilha. A força sofreu pesados ataques camicases, perdendo um porta-aviões de escolta e três detectores de minas. Os americanos responderam com uma série de ataques aéreos nos campos de aviação japoneses de onde partiam as ações, o que levou à retirada das aeronaves inimigas das Filipinas, permitindo que Oldendorf continuasse com o bombardeio.

O desembarque em 9 de janeiro sofreu pouca oposição, e posições seguras de 11 km de profundidade e 27 km de largura foram estabelecidas no primeiro dia. No entanto, as forças japonesas estavam esperando pelos americanos, e a avanço diminuiu

Libertação das Filipinas
Janeiro–Agosto 1945

Linhas de frente japonesas
- em 15/03
- de 15/03 a 1/07
- de 1/07 a 15/08
- a partir de 15/08

Ações Aliadas
- 9/01 a 5/02
- 5/02 a 26/06

RECONQUISTA

Depois da bem-sucedida tomada de Leyte, seguida pelos desembarques na área em 20 de outubro de 1944 — com o retorno triunfal de MacArthur dois dias depois — e a subsequente conquista de Mindoro como uma base aérea avançada, a atenção americana se voltou para Luzon, a principal ilha das Filipinas. Em 9 de janeiro de 1945, a primeira força de ataque americana desembarcou em Lingayen contra uma oposição mínima e avançou rapidamente em terra. Ao fim do mês, mais desembarques ocorreram ao norte e sul de Manila, conquistando a península de Bataan e isolando a capital filipina. A resistência foi determinada, mas a cidade acabou devastada durante o mês de luta antes de sua eventual queda em 4 de março. Enquanto isso, Corregidor foi conquistada por um ataque aéreo em 16 de fevereiro, seguido por desembarques anfíbios. Os defensores japoneses resistiram até praticamente o último homem, com apenas 19 prisioneiros sendo feitos.

Depois da queda de Manila, os japoneses recuaram para bolsões de resistência em áreas inacessíveis, liderados pelo general Yamashita, que coordenou suas forças ainda significativas contra os americanos até a rendição geral japonesa em 15 de agosto de 1945.

As ilhas filipinas restantes foram tomadas pelo 8º Exército americano, com 50 desembarques anfíbios diferentes durante a campanha.

enquanto a I Corporação americana tentava vencer o Grupo Shibu japonês, de cerca de 150.000 homens, para permitir que a XIV Corporação avançasse para Manila.

Em 17 de janeiro, o ritmo do progresso ainda era lento, e o general MacArthur ordenou que a XIV Corporação forçasse o caminho, enviando as 25ª e 32ª Divisões para ajudar no esforço de expulsar o Grupo Shiba da linha de avanço da XIV Corporação. Esse reforço finalmente rompeu a resistência japonesa, e a XIV Corporação conseguiu avançar — apenas para encontrar com os japoneses do Grupo Kembu em 23 de janeiro de 1945. A luta ferrenha entre as duas formações durou mais de uma semana antes que os americanos conseguissem forçar o inimigo a recuar.

A 11ª Divisão Aérea dos EUA foi a próxima a se envolver com o ataque, unindo-se ao avanço para Manila. Uma luta corpo a corpo feroz se desenrolou conforme a batalha seguia para a capital filipina, agravada pelo fato de que os japoneses tinham recusado permitir que a população civil deixasse a cidade antes do início da batalha. Ao fim de fevereiro de 1945, a maior parte de Luzon estava nas mãos dos americanos, mas 172.000 soldados japoneses ainda permaneciam na região — essa força precisava ser derrotada para que a ilha pudesse ser considerada pronta para ocupação e reconstrução. A ofensiva contra esses soldados começou em 6 de março de 1945 e continuou até junho, quando Luzon finalmente ficou sob total controle dos americanos.

A RECONQUISTA DE BURMA

O plano do general Slim de avanço para Meiktila e Mandalay continuou em fevereiro de 1945, com a XV Corporação impedindo o 28º Exército japonês de se deslocar para ajudar a defesa de Mandalay contra a XXXIII Corporação. No entanto, isso não impediu uma luta dura quando a 20ª Divisão e o 15º Exército japonês se encontraram em Myinmu em 12 de fevereiro de

114 SEGUNDA GUERRA MUNDIAL

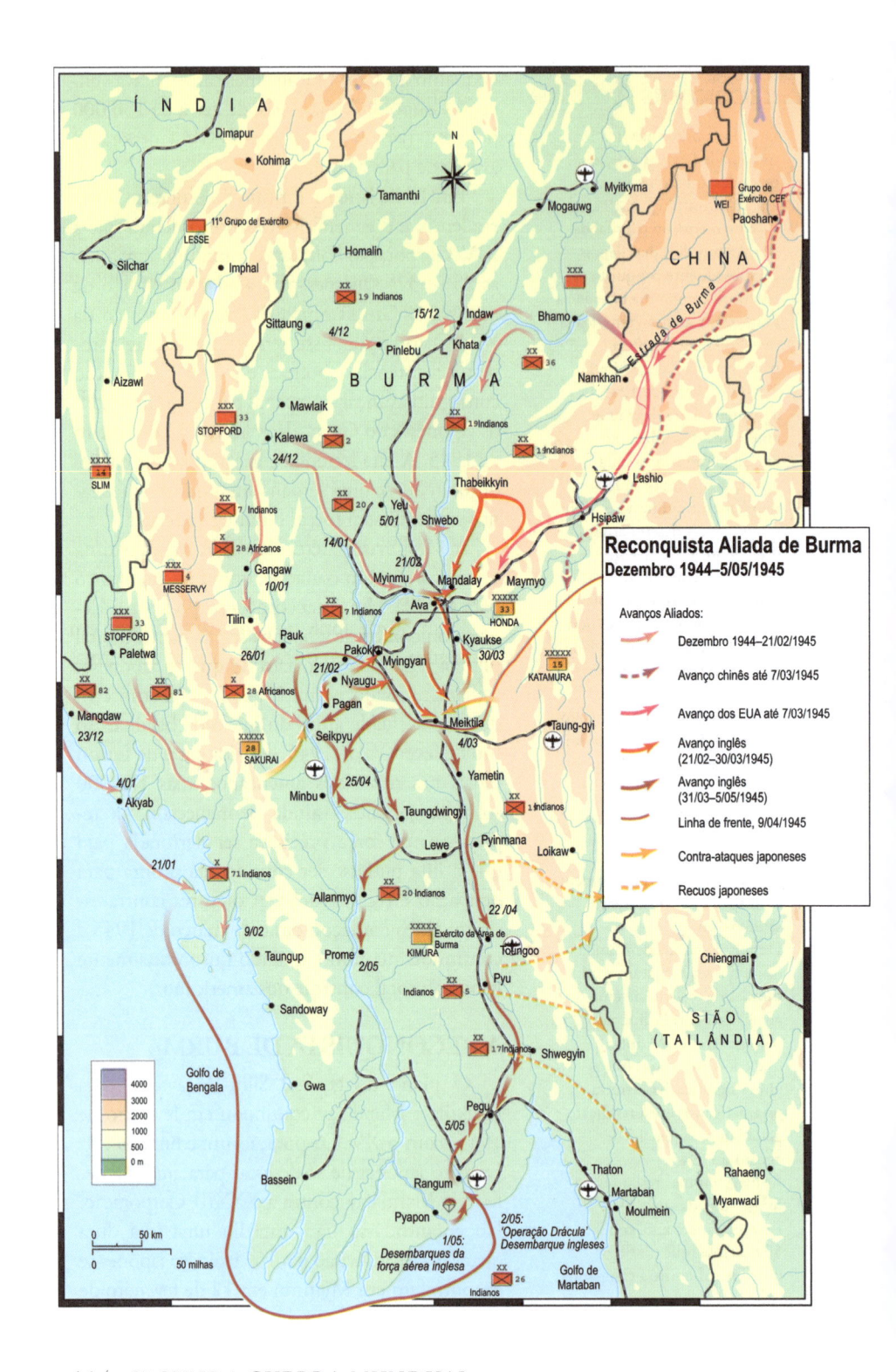

VITÓRIA EM BURMA

Para garantir a boa logística da ofensiva Aliada, a XV Corporação investiu na tomada da costa de Burma, para assegurar campos aéreos para uso dos aviões de carga da RAF. Uma série de operações anfíbias encontrou pouca oposição, pois as principais forças japonesas recuaram para o centro de Burma, e foi possível construir as bases aéreas.

Meiktila, defendida apenas por soldados da retaguarda, foi capturada com um ataque-surpresa da 17ª Divisão em 3 de março de 1945. Os japoneses reagiram rápido, lançando uma série de ataques para recuperar os centros de comunicação vitais que isolavam os defensores do resto do 14ª Exército. Enquanto isso, Mandalay foi tomada pela 19ª Divisão depois de uma amarga batalha corpo a corpo.

Ao fim de março, os japoneses perceberam que sua linha de recuo estava sendo rompida e correram de volta para a segurança em Rangum. Os Aliados queriam chegar a Rangum antes do início do período de monções, no início de maio, que deixaria seus tanques imobilizados pelas chuvas.

Rangum foi bombardeada por navios da Marinha Real Inglesa em 30 de abril. Um desembarque aéreo em 1º de maio assegurou posições firmes na praia para os ataques anfíbios (Operação Drácula) de 2 de maio pela XV Corporação, e a força de desembarque entrou na capital de Burma (secretamente evacuada pelos japoneses em 1º de maio) no dia seguinte. Embora bolsões isolados de resistência ainda permanecessem, a guerra em Burma tinha chegado ao fim.

1945, parando o avanço a 48 km de distância do seu objetivo. A IV Corporação teve mais sucesso, graças a sua ação-surpresa de atravessar o rio Irrawaddy, e avançou praticamente sem encontrar oposição para Meiktila. Em 1º de março, a 17ª Divisão atacou a cidade e a conquistou em 48 horas. Os japoneses lançaram uma série de contra-ataques, mas não conseguiram retomar a cidade e sofreram muitas perdas no processo.

Ao norte, a XXXIII Corporação atacou Mandalay, que foi evacuada por seus defensores em 20 de março. O Comando de Área de Combate do Norte, do general Stillwell, formado por soldados americanos e chineses, ocupou Hsenwi e Lashio, removendo o último foco de oposição significativa do norte de Burma. A 36ª Divisão então seguiu para Mandalay, para se unir às forças de Slim, que agora se preparavam para avançar para Rangum.

Em 30 de abril, um bombardeio naval em Rangum precedeu o ataque à capital de Burma. No dia seguinte, um batalhão aéreo desembarcou na baía de Elephant e assegurou uma posição segura para o desembarque da 26ª Divisão Indiana (parte da XV Corporação); dois dias depois, a divisão conseguiu marchar para Rangum sem oposição, já que os japoneses tinham secretamente deixado a cidade em 1º de maio. A XXXIII Corporação conquistou Prome e, com isso, todas as principais cidades de Burma estavam sob o controle Aliado. O Exército Japonês da Área de Burma tinha, para todos os efeitos, deixado de existir, deixando ingleses e indianos com nada mais do que uma operação de limpeza para finalizar a ocupação. Burma finalmente tinha sido reconquistada.

IWO JIMA E OKINAWA

Ao fim de 1944, os comandantes americanos estavam convencidos da necessidade de conquistar a ilha japonesa de Iwo Jima. A razão para tanto se baseava em três fatores. O primeiro era que a ilha oferecia uma base da qual os caças de escolta P-51 Mustang poderiam alcançar o Japão, proporcionando a necessária proteção aos B-29s atacando o país. Além disso, uma das pistas de voo da área poderia acomodar B-29s sem dificuldades, tornando-a uma locação perfeita para pousos de emergência dos aviões operando fora das ilhas Marianas, assim como uma locação em potencial da qual os ataques aéreos podiam ser lançados. Outro fator era que a ilha era tida como parte do Japão e sua captura teria um efeito psicológico no governo e na população do país.

Acima: fuzileiros navais da 1ª Divisão assistem a bombas fosforosas explodirem nas ilhas inimigas enquanto esperam ordens para avançar em Okinawa em maio de 1945. Assim como em Iwo Jima, a luta pela ilha foi uma batalha amarga e, embora o número de mortes entre americanos tenha sido bem menor do que entre os japoneses, que lutaram praticamente até o último homem, a taxa ainda foi consideravelmente alta. Temia-se que um ataque direto ao Japão custaria muitas vidas do lado dos Aliados, mas ainda assim acreditava-se que uma ação dessas seria vitoriosa, graças à superioridade Aliada em equipamento e artilharia.

Os japoneses estavam cientes da significância estratégica de Iwo Jima e se esforçaram para estabelecer posições defensivas, enviando reforços com experiência para a ilha em meados de 1944. Ao fim do ano, os japoneses já tinham cavado quilômetros de túneis defensivos que os protegeram dos bombardeios vindos do mar e dos céus a partir do fim de novembro. Em 19 de fevereiro de 1945, a força de invasão desembarcou, encontrando pouca resistência. No entanto, quando os fuzileiros navais avançaram um pouco na praia, foram atingidos por artilharia pesada. Os americanos responderam atacando e tomando as principais posições defensivas. No cair da noite, cerca de 30.000 fuzileiros tinham desembarcado e isolado o ponto mais alto da ilha, o monte Suribachi.

Durante os quatro dias seguintes, os fuzileiros lutaram ferozmente contra os japoneses, até conseguirem tomar o monte Suribachi (o que levou à famosa fotografia da bandeira americana sendo hasteada por um grupo de soldados), mas isso não

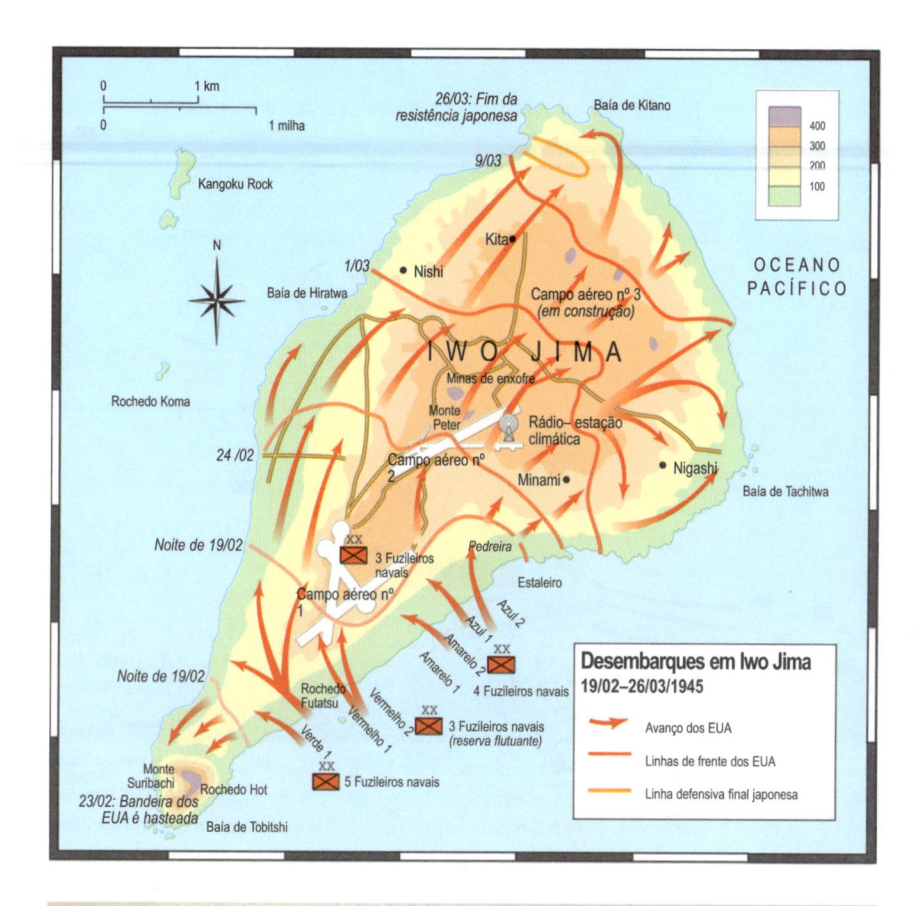

IWO JIMA

Iwo Jima era uma ilha de área de menos de 25 quilômetros quadrado, mas que tinha dois campos aéreos vitais que seriam de considerável assistência aos esforços de bombardeio americanos contra o Japão. Os japoneses tinham fortificado a ilha, então, quando os fuzileiros navais desembarcaram na praia em 19 de fevereiro de 1945, foram confrontados por uma obstinada resistência, apesar de ter havido um bombardeio preparatório por ar e mar durante 75 dias. A luta se arrastou por 36 dias até os fuzileiros navais conseguirem tomar o controle da ilha — a famosa foto da bandeira americana sendo hasteada no monte Suribachi foi tirada apenas quatro dias depois do desembarque e muito antes de a luta ter acabado.

marcou o fim da luta. Uma cruel batalha de desgaste continuou por três semanas, e os americanos lutaram para abrir caminho bunker por bunker, frente a frente com os inimigos. No décimo dia do ataque, muitas unidades tinham sido reduzidas a menos da metade de suas forças, tamanha a ferocidade do combate.

Na noite de 25 para 26 de março, os soldados japoneses que restavam lançaram um ataque suicida contra os fuzileiros e foram massacrados. Cerca de 23.000 japoneses morreram e apenas 216 sobreviveram; os americanos tiveram 6.281 mortos e

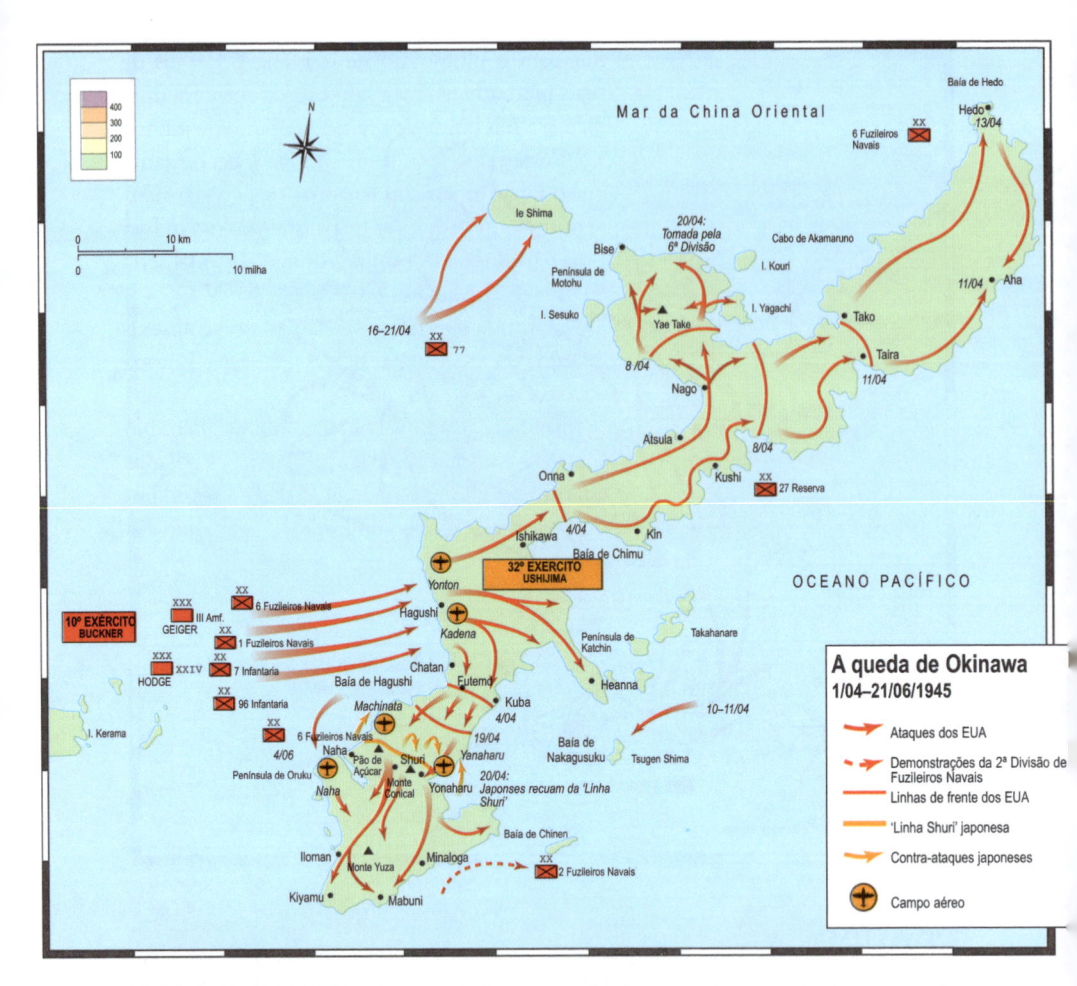

OKINAWA

Okinawa foi uma experiência tão sangrenta quanto Iwo Jima para os americanos. Os soldados invasores enfrentaram posições defensivas japonesas bem construídas e difíceis de serem superadas. Os fuzileiros navais lutaram metro por metro para poder avançar, enfrentando uma resistência suicida. Mas, ao fim de junho, Okinawa estava em mãos americanas.

mais de 18.000 feridos na operação mais sangrenta da história da Fuzilaria Naval americana.

Iwo Jima foi seguida por Okinawa, que foi atacada em 1º de abril de 1945 pelo 10º Exército norte-americano. A operação encontrou pouca oposição nos primeiros quatro dias, mas, em 5 de abril, combates entre americanos e japoneses mostraram que o sul da ilha tinha sido fortificado. Os americanos atacaram as posições inimigas pelo restante do mês, conquistando pequenas áreas de cada vez. O número de mortes era a cada dia maior, mas, ao fim de maio, parecia que os americanos finalmente tinham ganhado o domínio da batalha. O tempo ruim atrasou o ataque final, e os japoneses aproveitaram a oportunidade para se concen-

IMPÉRIO ENFRAQUECIDO

O império japonês ainda era substancialmente grande na época do lançamento das bombas atômicas. No entanto, a campanha norte-americana no Pacífico tinha criado um bloqueio ao redor do Japão, impedindo que o país reabastecesse ou reforçasse suas colônias e conquistas. Com isso, os inimigos eram enfraquecidos aos poucos, sem comida, munição ou esperança.

trar para o último ato de resistência. Depois de mais lutas amargas, a guarnição japonesa foi dividida em três bolsões e derrotada no fim de junho.

Com o fim da luta em Okinawa, era evidente que o Japão estava condenado — mas o alarmante número de mortos entre os americanos em Iwo Jima e Okinawa impunha a questão de qual seria o custo de um ataque final ao Japão.

O fim da guerra estava claramente se aproximando, com a Alemanha derrotada na Europa e recursos e soldados envolvidos naquela batalha se tornando disponíveis à frente no Pacífico. No entanto, com a vitória tão próxima, os Aliados estavam relutantes em amargar mais mortes desnecessárias. O sucesso do Projeto Manhattan em

O Império Japonês
Agosto de 1945

Território japonês ou área sob ocupação japonesa

A GUERRA NO PACÍFICO 119

Bombardeio do Japão
Junho 1944–Agosto 1945

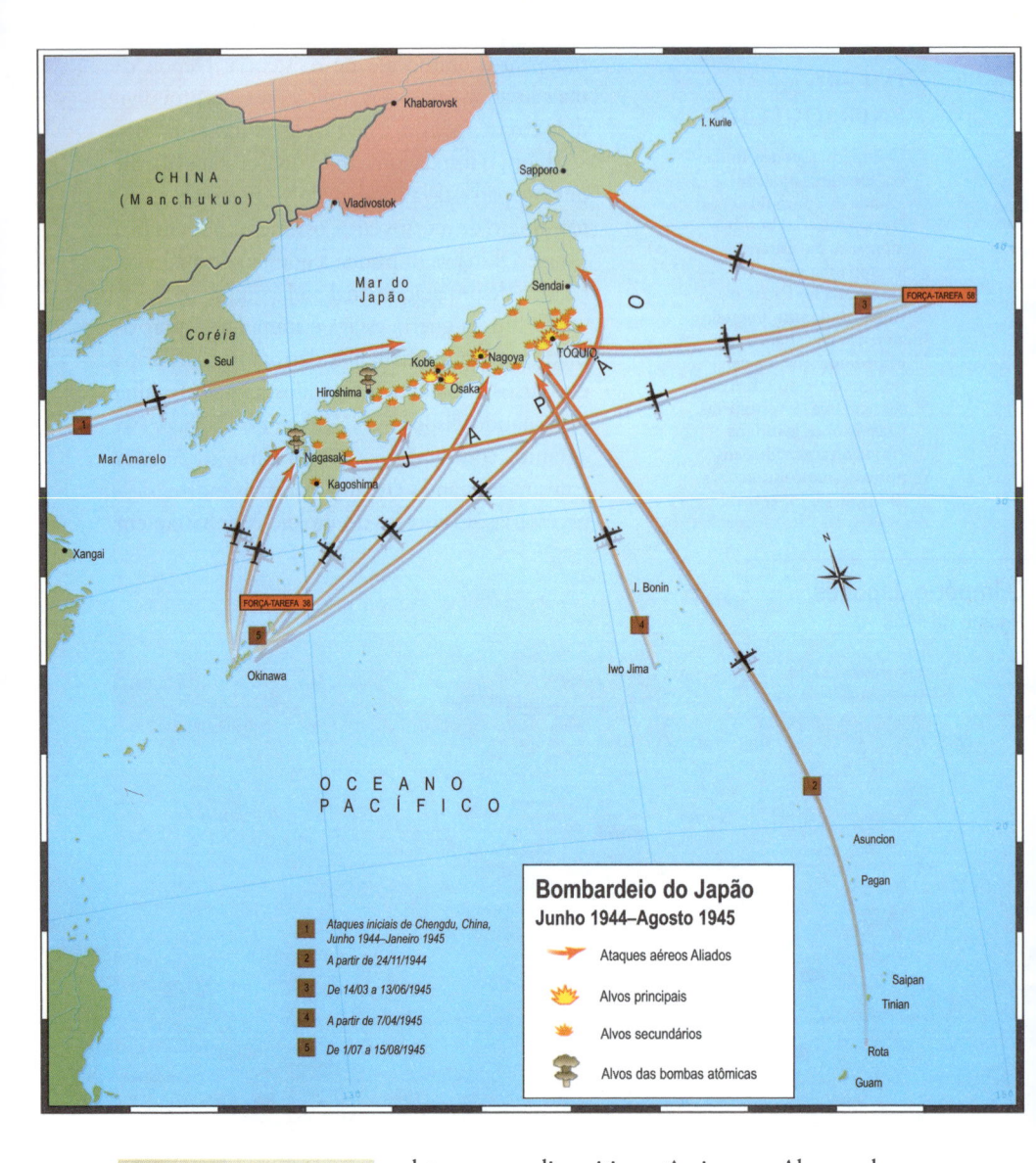

- 1 — Ataques iniciais de Chengdu, China, Junho 1944–Janeiro 1945
- 2 — A partir de 24/11/1944
- 3 — De 14/03 a 13/06/1945
- 4 — A partir de 7/04/1945
- 5 — De 1/07 a 15/08/1945

- Ataques aéreos Aliados
- Alvos principais
- Alvos secundários
- Alvos das bombas atômicas

GUERRA AÉREA

Com a campanha de 'pular ilhas' se aproximando do Japão, a ofensiva de bombardeio estratégico contra o país cresceu dramaticamente.

detonar um dispositivo atômico em Almagordo em julho pareceu oferecer ao presidente norte-americano Truman uma nova arma com grande poder destrutivo que poderia fazer o Japão se render a um custo mínimo para os Aliados. No entanto, o atraso em criar uma arma que fosse lançada de maneira prática pelo ar significava que o planejamento para a invasão do Japão tinha que prosseguir.

Acima: pilotos de caças japoneses aguardam o recebimento de sua próxima missão. Ao fim da guerra, o Japão sofria com a falta de pilotos habilidosos, e a maioria de suas aeronaves estava obsoleta, adequadas apenas para ataques camicases. A perda de Iwo Jima possibilitou que os caças americanos escoltassem os bombardeiros B-29 por todo o caminho até o Japão, neutralizando o que restava da força aérea japonesa.

INVASÃO SOVIÉTICA DA MANCHÚRIA

Embora tivesse havido confrontos entre o Japão e a União Soviética antes da II Guerra Mundial — com os japoneses saindo derrotados —, nenhum dos dois lados desejava ou precisava confrontar o outro. No contexto das prioridades estratégicas entre 1941 e o início de 1945, isso fazia sentido, e os dois lados mantiveram relações diplomáticas. No início de 1945, o governo japonês tentou persuadir os russos a agir como um intermediário neutro entre eles e os Aliados para um acordo de paz. Os japoneses ficaram surpresos quando os Aliados não responderam, aos poucos percebendo que os russos não tinham transmitido a mensagem.

> **MANCHÚRIA**
>
> O ataque da URSS a Manchúria marcou o início de uma guerra extremamente curta e bem-sucedida contra o Japão. Depois de ignorar por meses a aproximação Aliada a favor do Japão, Stalin declarou guerra ao país e mandou seus soldados para a Manchúria em 9 de agosto. Os japoneses não sabiam que Stalin tinha prometido aos Aliados do Ocidente tomar parte da Guerra do Pacífico quando os alemães fossem derrotados. Stalin transferiu mais de 1.000.000 de soldados do Exército Vermelho para o Extremo Oriente assim que a guerra na Europa chegou ao fim, indo contra forças japonesas que não apenas eram menores em número, mas também notadamente inferiores em qualidade e equipamento.
>
> Os japoneses não esperavam uma invasão e não tinham posicionado suas forças apropriadamente. Como resultado, foram pegos desprevenidos e não conseguiram se organizar para responder. O ataque soviético envolveu a Frente Trans-Baikal, do Marechal Malinovsky, que deveria cruzar a grande cadeia de montanhas Hingan e o deserto de Gobi, enquanto a 1ª Frente do Extremo Oriente, do Marechal Meretskov, atacava vindo da direção de Vladivostok. As duas frentes romperam as linhas japonesas e se uniram em 21 de agosto — sete dias depois de os japoneses terem anunciado sua rendição. O sucesso soviético foi completado pela conquistas das estratégicas ilhas Kurile por sua marinha.

A razão para isso era que Stalin, depois de os alemães terem se rendido, ansiava tomar o controle da Manchúria, de Sakhalin e das ilhas Kurile, algo que seria facilitado se ele tomasse parte da guerra contra o Japão. Não era de seu interesse que a guerra terminasse antes da participação da União Soviética, motivo pelo qual ele fez apenas referências veladas ao desenvolvimento de um 'partido da paz' no Japão. Os Aliados, no entanto, não se deixaram enganar — os dados coletados pela inteligência sugeriam que os japoneses estavam dispostos a negociar e que Stalin escondia o fato dos americanos porque seu objetivo era deixar a guerra continuar até que suas forças pudessem participar.

O presidente norte-americano Truman, convencido de que as boas relações pós-guerra entre americanos e soviéticos antecipadas pelo presidente Roosevelt não se materializariam, quis evitar dar a chance de Stalin exigir controle do território japonês: esse foi um fator decisivo para o uso da bomba atômica.

Em 8 de agosto de 1945, dois dias depois do lançamento da bomba atômica em Hiroshima, a URSS declarou guerra ao Japão e enviou 76 divisões a Manchúria. A campanha seguiu exatamente como planejada. A Passagem de Khorokhon foi tomada em dois dias e o avanço seguiu para o deserto de Gobi. Os russos tomaram Changchung e Mukden em 21 de agosto e então Matuankiang. O Exército Vermelho em seguida avançou para a Coreia, e a marinha soviética conquistou as ilhas Kurile no início de setembro. A vitória russa estava completa.

INCÊNDIOS E ATAQUES ATÔMICOS

Desde o ataque a Pearl Harbor, o planejamento militar norte-americano se baseava na noção de que bombardear o Japão seria um componente essencial para a derrota total do inimigo. O novo Boeing B-29 Superfortress atendia aos requisitos para um bombardeio de longo alcance com armamento pesado e, assim que os problemas técnicos iniciais foram resolvidos, os modelos começaram a entrar em ação em grande quantidade. A primeira operação contra o Japão foi conduzida a partir de bases na China, com o primeiro ataque aéreo em 15 de junho de 1944. Quando as ilhas Marianas foram conquistadas, cinco bases aéreas foram construídas para os B-29s, duas em Saipan, duas em Tinian e uma em Guam. Cada base poderia acomodar 180 aviões B-29s.

Os ataques dos B-29s contra o Japão começaram com força total em 24 de novembro de 1944, tendo como alvo um centro industrial fora de Tóquio. Os resultados foram decepcionantes, com apenas 24 dos 100 aviões B-29s conseguindo encontrar a fábrica que era o objetivo do ataque. O alvo foi bombardeado de novo, com resultados similares, e, depois do fracasso da décima missão, estava claro que uma reavaliação era necessária.

Em 20 de janeiro de 1945, o major-general Curtis E. LeMay assumiu o XXI Comando de Bombardeio e imediatamente mudou a tática empregada pela força. Em vez de continuar com o bombardeio de alto nível à luz do dia, LeMay instruiu

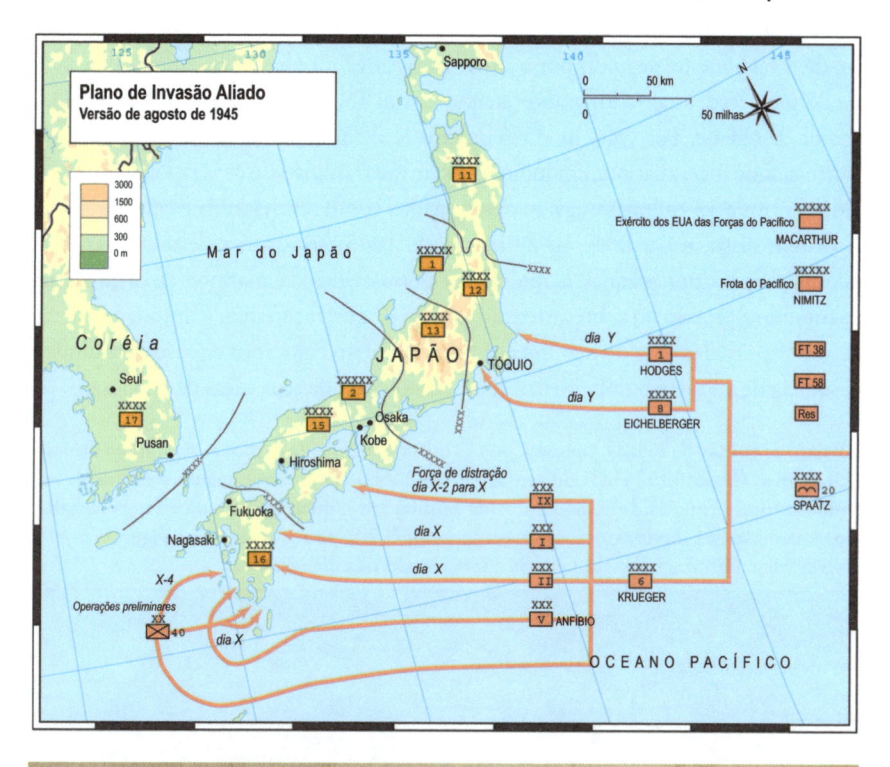

OPERAÇÕES CONTRA O JAPÃO

Os ataques aéreos contra o Japão são largamente subestimados nos relatos gerais do conflito no Pacífico, com o uso dramático de armas nucleares ofuscando as ações iniciais americanas.
Depois de dificuldades iniciais, a decisão do general LeMay de dar início aos ataques de bombardeiros causou o caos nas cidades japonesas atacadas. O uso predominante de material inflamável nas construções de casas japonesas fazia com que bombas incendiárias rapidamente originassem grandes pontos de incêndio.
O incêndio em Tóquio na noite de 9 para 10 de março de 1945 matou cerca de 84.000 civis, uma taxa muito mais alta do que a causada pelo bombardeio em si. A conquista de Iwo Jima forneceu bases para caças P-47 Thunderbolt e P-51 Mustang de longo alcance, e ataques durante o dia começaram a complementar os ataques noturnos. A força aérea americana era tão potente que tinha superioridade sobre os céus do país em relação ao Japão. Durante o verão de 1945, a base industrial japonesa foi esmagada. No início de agosto de 1945, o XXI Comando de Bombardeio já estava ficando sem alvos para atacar.
Enquanto isso, MacArthur e Nimitz traçavam planos para a invasão do Japão. A Operação Olímpica deveria atacar Kyushu em novembro de 1945, com Coronet pousando em Honshu em março de 1946.

que suas forças atacassem durante a noite, voando a menos de 10.000 pés, e usassem bombas incendiárias. Além disso, já que os caças de defesa japoneses eram bem menos eficientes durante a noite, a maior parte do armamento defensivo dos B-29s deveria ser removida, tornando a aeronave mais leve.

O primeiro desses ataques foi realizado na noite de 9 para 10 de março por 300 aviões contra Tóquio e Yawata. Uma boa parte de Tóquio foi completamente queimada. O ataque foi seguido por outros em Nagoya, Osaka e Kobe; então, na noite de 25 para 26 de maio, um grande ataque contra Tóquio destruiu uma porção ainda maior da cidade. Por volta de 85% da cidade de Yokohama foram destruídos em outro ataque incendiário e, em julho, mais de meio milhão de civis japoneses tinham sido mortos e 13 milhões estavam desabrigados como resultado da estratégia.

Além disso, a partir de 14 de março de 1945, essas ações devastadoras eram acompanhadas por ataques lançados dos porta-aviões da marinha americana, aumentando a pressão no sobrecarregado esforço de guerra japonês. Campos aéreos nas recém-capturadas ilhas de Iwo Jima e Okinawa foram colocados em uso, reduzindo a distância de voo dos bombardeiros e, especialmente, de seus caças de escolta.

Abaixo: as ruínas da cidade japonesa de Hiroshima depois da explosão da bomba atômica 'Little Boy' (Garotinho) em 6 de agosto de 1945 e o incêndio que seguiu a explosão, matando muitas centenas de civis. O alvo da bomba era a quarta ponte de cima para baixo, no centro. Apesar da destruição, o governo japonês não se rendeu, e uma segunda bomba —'Fat Man' (Gorducho) – foi lançada em Nagasaki três dias depois.

Alguns historiadores argumentam que a combinação dos ataques incendiários e da quase completa destruição da marinha japonesa teria sido suficiente para levar os japoneses à rendição, mas o presidente dos EUA Truman considerou que uma demonstração mais dramática do poder americano era necessária. Como resultado, ele ordenou o uso de bombas atômicas contra Hiroshima e Nagasaki.

Em 6 de agosto de 1945, o coronel Paul Tibbets, comandante do 509º Grupo Composto (a unidade especial formada para os ataques atômicos) levantou voo de Tinian em um avião B-29 batizado de Enola Gay, em homenagem à sua mãe. O avião alcançou Hiroshima, encontrando uma manhã clara e sem nuvens. Às 08h15min, o Enola Gay lançou sua arma. Enquanto o Enola Gay manobrava para evitar a detonação, a bomba caiu por 51 segundos, e então explodiu. Em um instante, Hiroshima foi devastada. Na região e seus arredores, de 70 mil a 80 mil pessoas foram mortas e outras de 80 mil a 100 mil ficaram feridas.

Os japoneses não se renderam, e os americanos conduziram outro ataque. Em 9 de agosto, o major Charles Sweeny, voando um avião B-29 batizado de Bockscar (um trocadilho com a palavra 'boxcar' — vagão de carga —, brincando com o nome do piloto que geralmente voava com a aeronave, o Frederick C. Bock) levou uma segunda bomba ao Japão. Ela foi derrubada às 10h58min e acabou com a cidade de Nagasaki. A quantidade de mortos e feridos foi menor que em Hiroshima, mas os números (35 mil mortes, de 50 mil a 60 mil feridos) ainda eram aterrorizantes. O governo japonês se dividiu em duas facções — uma pela rendição, uma pela luta até a morte. O imperador tomou a decisão pelo governo. Em 14 de agosto de 1945, ele transmitiu uma mensagem para o povo japonês dizendo que a guerra chegava ao fim e que o país tinha sido derrotado.

A RENDIÇÃO JAPONESA

Quando os japoneses se renderam em agosto de 1945 (a rendição formal veio em 2 de setembro), eles ainda detinham a aparência de um império, mas isso era em grande parte devido ao fato de que o fim das hostilidades precederam o plano inglês de reconquistar a Malásia. Com as linhas de abastecimento aéreas e marítimas interditadas, as guarnições japonesas nos territórios ocupados estavam, como a estratégia de 'pular ilhas' pretendia, definhando aos poucos. A principal dificuldade para os Aliados era que, como o Japão tinha concordado em se render, as guarnições nas ilhas que tinham sido ignoradas precisavam ser cercadas, desarmadas e então repatriadas: o risco de que algumas dessas guarnições resolvessem lutar até a morte permanecia.

Esse risco foi substancialmente menor do que teria sido caso os Aliados tivessem resolvido levar a luta para dentro do Japão para forçar a rendição incondicional. Os planos eram que a invasão do arquipélago japonês fosse conduzida em duas fases. Kyushu teria sido invadida no outono de 1945, ao que se seguiria um ataque a

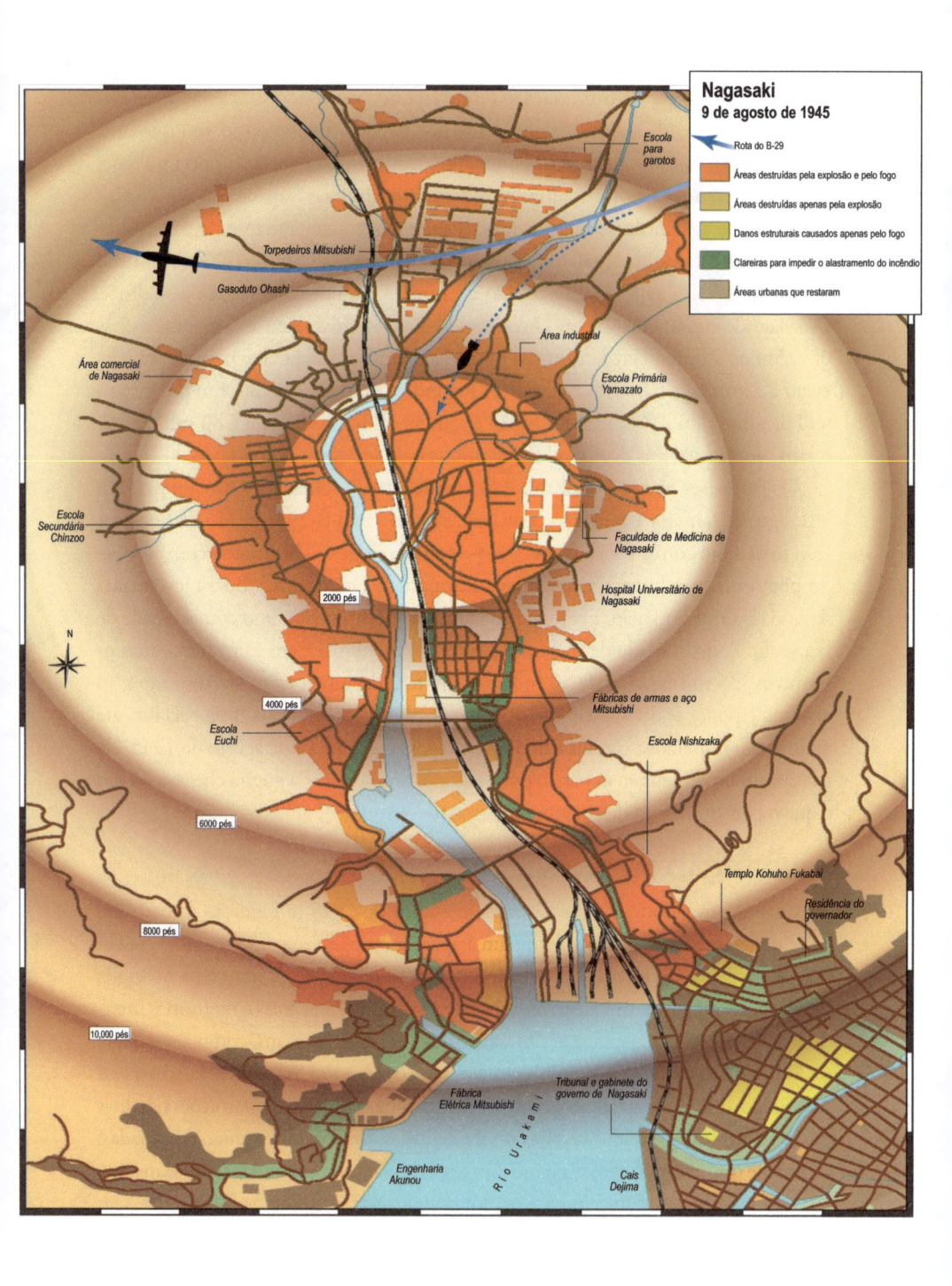

Nagasaki
9 de agosto de 1945

- Rota do B-29
- Áreas destruídas pela explosão e pelo fogo
- Áreas destruídas apenas pela explosão
- Danos estruturais causados apenas pelo fogo
- Clareiras para impedir o alastramento do incêndio
- Áreas urbanas que restaram

Escola para garotos
Torpedeiros Mitsubishi
Gasoduto Ohashi
Área comercial de Nagasaki
Área industrial
Escola Primária Yamazato
Escola Secundária Chinzoo
2000 pés
Faculdade de Medicina de Nagasaki
Hospital Universitário de Nagasaki
4000 pés
Escola Euchi
Fábricas de armas e aço Mitsubishi
Escola Nishizaka
6000 pés
Templo Kohuho Fukabai
Residência do governador
8000 pés
10,000 pés
Fábrica Elétrica Mitsubishi
Tribunal e gabinete do governo de Nagasaki
Engenharia Akunou
Rio Urakami
Cais Dejima

Honshu. Para alcançar isso, os soldados americanos e ingleses teriam que ser trazidos da Europa, assim como aviões e navios de combate precisariam ser levados para o Extremo Oriente. Os ataques das bombas atômicas fizeram como que esse plano (Operação Temporal) não fosse necessário.

Quando a notícia da decisão do imperador chegou aos soldados japoneses, eles começaram a entregar as armas. A operação inglesa com pousos anfíbios para retomar a Malásia foi conduzida como planejada e não encontrou oposição alguma. Vários postos japoneses se renderam em momentos diferentes. As unidades japonesas nas ilhas Palau e Carolinas se renderam em 2 de setembro, ao mesmo tempo em que o tratado de paz entre Japão e Aliados era assinado, e os postos restantes desistiram nas semanas seguintes. A Indochina foi o último lugar onde as forças ocupantes japonesas entregaram as armas, com o pedido de rendição em 30 de novembro de 1945.

À esquerda: os membros seniores restantes do Partido Nazista durante julgamento em Nuremberg depois do fim da guerra. Na primeira fila, do topo para a esquerda, estão Hermann Göring, Rudolf Hess, Joachim von Ribbentrop e Wilhelm Keitel — e todos menos Hess receberam a pena de morte. Um julgamento similar de crimes de guerra foi conduzido para os líderes japoneses — com exceção do imperador Hirohito — em Tóquioxcr

As Consequências

A guerra deixou suas marcas no mundo de diversas maneiras. Milhões de homens e mulheres serviram nas forças armadas ou nas fábricas de armas de seus países; outros milhões morreram por causa dos combates, das ações de genocídio e dos bombardeios aéreos que devastaram cidades da Europa e do Japão. O mundo agora era bipolar, com a União Soviética e seus antigos aliados de lados opostos na nova era da bomba atômica.

As mobilizações para a guerra em 1939 e 1941 foram diferentes em cada nação, dependendo do comportamento da população, da capacidade industrial e da força financeira e, mais obviamente, da política do governo de cada país. Para a França e o Reino Unido, a perspectiva de um novo grande conflito europeu com níveis similares de destruição ao da I Guerra Mundial era aterrorizante. O povo das duas nações tinha ficado desiludido com os desenlaces do período pós-guerra, e a instabilidade econômica, a recessão e o desemprego causaram o questionamento: 'mas será que valeu a pena?'. Ao fim dos anos 1920, a Inglaterra estava dominada pelo pacifismo, e tomar parte em outra guerra era uma ideia que ninguém queria contemplar.

Dessa forma, a política de apaziguamento de Chamberlain ganhou muito apoio, e os avisos de Churchill contra Hitler fizeram-no ser tachado de 'instigador de guerra'. As mesmas atitudes pacifistas podiam ser encontradas na França, embora a preocupação do país com a ressurreição da Alemanha se manifestou em campanhas incentivando as mulheres a terem mais filhos (com a intenção de construir um exército maior dali a 18 anos, quando se presumia que a Alemanha pudesse voltar a ser uma ameaça). A União Soviética, depois de superar seu conflito interno com a revolução e a subsequente guerra civil e as guerras na Polônia, reuniu um exército profissional que, no início dos anos 1930, era um dos melhores do mundo. No entanto, Stalin estava ciente do poder do seu exército, o que causou uma paranoia que resultou numa perseguição cruel que dizimou o alto comando do Exército Vermelho.

MOBILIZAÇÃO PARA A GUERRA

Na Alemanha, a atitude em relação a uma nova guerra era consideravelmente diferente. Além do ressentimento em relação aos termos do acordo de Versalhes, a população alemã sofreu com a instabilidade econômica, que culminou em períodos de hiperinflação nos quais economias de uma vida inteira podiam perder o valor em 24 horas. Conforme a Alemanha passava de crise para crise (com um breve período de estabilidade), a mensagem radical pregada por Hitler soava cada vez mais atraente para o eleitorado alemão. É um mito que Hitler teve uma vitória extraordinária nas

MOBILIZAÇÃO

O processo de mobilização das nações para a II Guerra Mundial começou em épocas diferentes durante os anos 1930.

Pode-se dizer que a URSS estava em estado de conflito constante desde 1917 e, embora a estrutura de comando do Exército Vermelho estivesse em frangalhos, as forças armadas seriam bem equipadas. A mobilização na Alemanha começou em 1934, conforme o rearmamento aumentou de ritmo e extensão, e durou até 1939, quando a nação estava pronta para a guerra. Isso foi um grande contraste com a França, onde a crise política interferiu na organização necessária para sustentar as forças armadas. A Inglaterra também começou o rearmamento tarde e sofreu para tentar alcançar o mesmo nível da Alemanha.

No Pacífico, os japoneses estavam em guerra com a China desde 1937, e a II Guerra Mundial foi simplesmente uma extensão desse conflito. O último grande participante da guerra foram os Estados Unidos. Tendo se retirado para uma posição de isolamento depois da I Guerra Mundial, a guerra na Europa provocou o aumento das defesas nos EUA, enquanto o país tentava ao mesmo tempo manter sua neutralidade e fornecer abastecimentos para a França e a Inglaterra. Apenas depois de Pearl Harbor os Estados Unidos se mobilizaram totalmente.

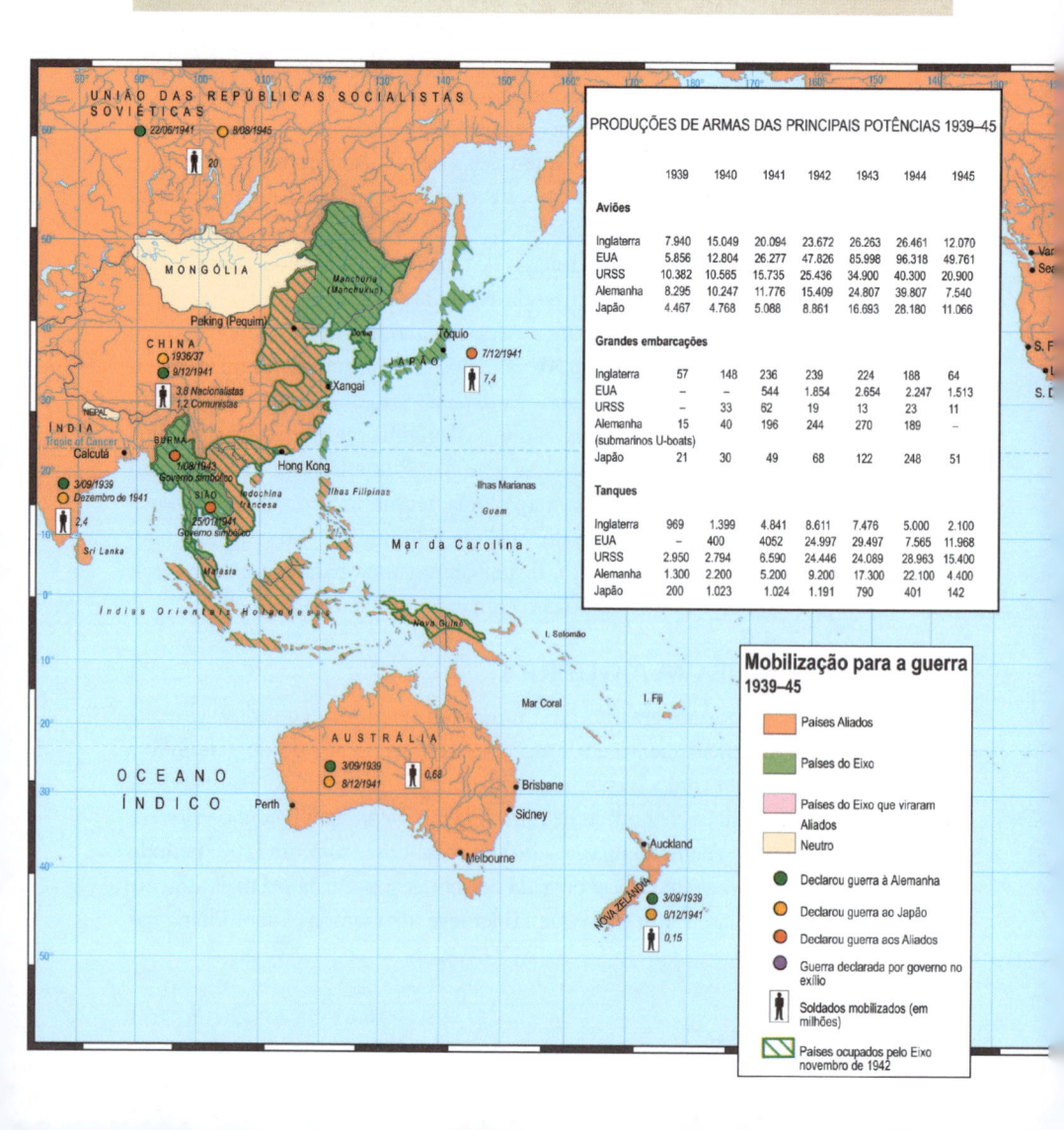

PRODUÇÕES DE ARMAS DAS PRINCIPAIS POTÊNCIAS 1939–45

	1939	1940	1941	1942	1943	1944	1945
Aviões							
Inglaterra	7.940	15.049	20.094	23.672	26.263	26.461	12.070
EUA	5.856	12.804	26.277	47.826	85.998	96.318	49.761
URSS	10.382	10.565	15.735	25.436	34.900	40.300	20.900
Alemanha	8.295	10.247	11.776	15.409	24.807	39.807	7.540
Japão	4.467	4.768	5.088	8.861	16.693	28.180	11.066
Grandes embarcações							
Inglaterra	57	148	236	239	224	188	64
EUA	–	–	544	1.854	2.654	2.247	1.513
URSS	–	33	62	19	13	23	11
Alemanha (submarinos U-boats)	15	40	196	244	270	189	–
Japão	21	30	49	68	122	248	51
Tanques							
Inglaterra	969	1.399	4.841	8.611	7.476	5.000	2.100
EUA	–	400	4052	24.997	29.497	7.565	11.968
URSS	2.950	2.794	6.590	24.446	24.089	28.963	15.400
Alemanha	1.300	2.200	5.200	9.200	17.300	22.100	4.400
Japão	200	1.023	1.024	1.191	790	401	142

Mobilização para a guerra 1939–45

- Países Aliados
- Países do Eixo
- Países do Eixo que viraram Aliados
- Neutro
- Declarou guerra à Alemanha
- Declarou guerra ao Japão
- Declarou guerra aos Aliados
- Guerra declarada por governo no exílio
- Soldados mobilizados (em milhões)
- Países ocupados pelo Eixo novembro de 1942

eleições, mas ele realmente recebeu votos o suficiente para ficar em uma posição forte e ser convidado a assumir a posição de Chanceler, uma decisão funesta de líderes políticos que acreditaram erroneamente que poderiam controlar o ex-cabo de exército.

A ascensão de Hitler ao poder foi seguida por uma postura agressiva na política internacional. O rearmamento foi iniciado em segredo e então anunciado para uma surpresa Europa em 1935. A reação da Inglaterra e da França foi inicialmente tímida. O primeiro-ministro inglês, Neville Chamberlain, acreditou que Hitler era um estadista racional com quem ele pudesse negociar — quando percebeu que esse ponto de vista estava errado, já era tarde demais. Hitler reocupou a zona do Reno (uma área não-militar) em 1936, contrariando os termos de Versalhes, e os Aliados não fizeram nada. Em 1938, a Áustria foi anexada e, novamente, a única ação Aliada foi protestar contra a violação do acordo de paz.

Apenas quando ficou claro que a Alemanha era uma ameaça crescente a Inglaterra e a França começaram o rearmamento. As defesas da Inglaterra tiveram que ser reforçadas enfrentando oposição da opinião pública, e o processo inicialmente foi lento. Como consequência, quando Hitler fez exigências à Tchecoslováquia, os governos ingleses e franceses se mostraram mais do que dispostos a aceitar o esquema alemão para impedir uma guerra para a qual eles estavam claramente despreparados.

No entanto, o fato de que a crise tinha trazido a Europa tão próxima de uma guerra demonstrava a necessidade de rearmamento. Ficou óbvio que Hitler não tinha a intenção de parar na Tchecoslováquia, e a Inglaterra e a França aumentaram a preparação militar.

Quando a Polônia foi invadida em setembro de 1939, a Inglaterra e a França já se mobilizavam para a guerra havia mais de um ano. A eclosão do conflito na Europa encorajou os Estados Unidos a se rearmarem, embora enfrentando considerável oposição dos isolacionistas. Os japoneses já estavam nas portas da guerra com suas intervenções na China, e a Itália e a União Soviética assistiram com cautela aos acontecimentos no resto da Europa.

Ao fim da guerra, em 1945, milhões de homens em todo o mundo — cerca de 20 milhões só no Exército Vermelho — estavam engajados nas forças militares. Com a desmobilização e o concomitante realojamento das populações de refugiados e ex-prisioneiros de guerra, movimentos de migração em massa ocorreram, o mais notável levando à controversa fundação de Israel como um novo Estado-Nação.

AS NAÇÕES UNIDAS

Mesmo enquanto a guerra ainda se desenrolava, os líderes Aliados voltaram suas atenções para os acordos pós-guerra. O fracasso da Liga das Nações nos anos 1920 e 1930 dominou as considerações, e estava claro que as principais lideranças mundiais deveriam ser envolvidas.

O termo 'Nações Unidas' passou a ser usado em 1942 e foi cunhado pelo presidente norte-americano Roosevelt para a 'Declaração das Nações Unidas', na qual 26 nações declararam que lutariam lado a lado para derrotar os poderes do Eixo.

Uma declaração na conferência Aliada em Moscou em 30 de outubro de 1943 reuniu os governos dos Estados Unidos, Inglaterra, União Soviética e China em um pedido para o estabelecimento de uma organização internacional para manter a paz e a segurança. Esse objetivo foi reafirmado na conferência de Teheran em 1º de dezembro de 1943, quando Stalin, Roosevelt e Churchill se encontraram para discutir a direção futura do esforço de guerra. Tudo isso levou ao planejamento inicial das Nações Unidas.

O primeiro esboço das Nações Unidas foi estabelecido em uma conferência em Dumbarton Oaks, em Washington, D.C., entre 21 de setembro e 7 de outubro de 1944. Diplomatas dos EUA, Inglaterra, URSS e China determinaram os objetivos e propuseram a estrutura e os procedimentos para a organização, pronta para ser oficializada assim que a paz fosse assegurada.

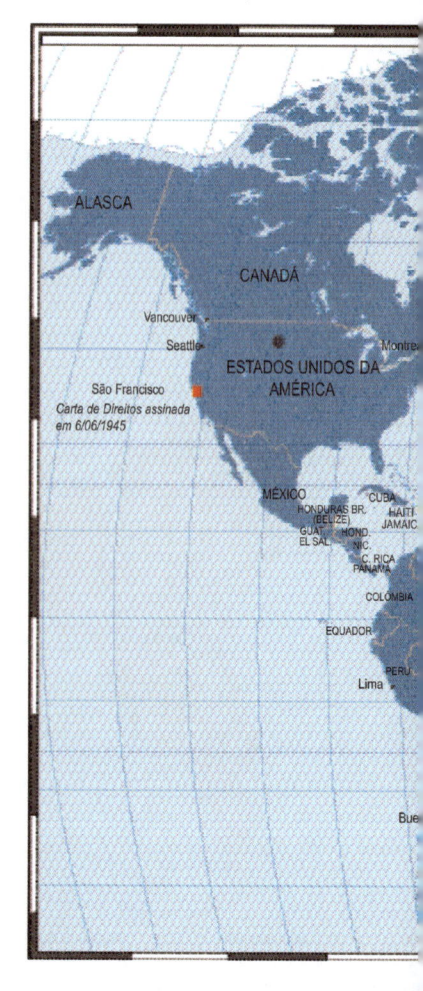

A PAZ

O fim da guerra na Europa deixou a Alemanha dividida em dois pelos exércitos Aliados invasores, com a economia de muitas cidades devastada pelos anos de bombardeio. Polônia, Bulgária, Hungria, Romênia e Tchecoslováquia tinham grande concentração de forças soviéticas em seus territórios, assim como a Iugoslávia. Os planos de que esses países embarcassem na reconstrução pós-guerra com governos eleitos democraticamente foram rapidamente frustrados quando ficou claro que Stalin desejava garantir que a União Soviética mantivesse o controle de todos os países do leste europeu para impedir quaisquer ataques futuros.

A questão mais difícil de ser respondida era o que aconteceria com a Alemanha. Os Aliados queriam ter certeza que os erros dos acordos de paz do fim da I Guerra Mundial — que, vistos em retrospecto, tinham virtualmente garantido o início do novo conflito — não fossem repetidos. A população alemã em 1919 tinha rejeitado o que via como uma paz imposta e se enraiveceu pelo fato de que as exigências excessivas do país levaram à crise da economia, além de ficar horrorizada pelo que parecia não ser nada além de uma tentativa de humilhar a Alemanha por tudo o que tinha ocorrido.

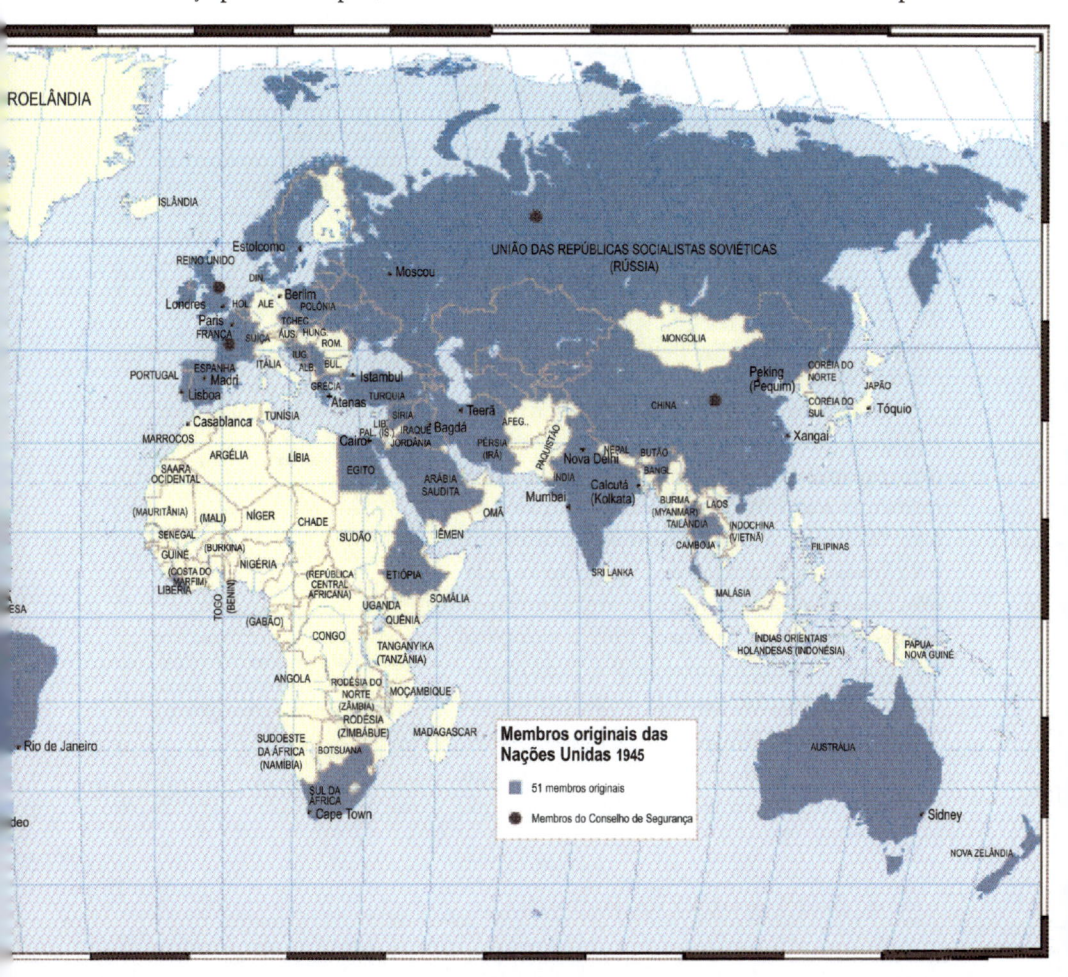

O resultado desse processo não tinha apenas permitido que Hitler se tornasse uma força política no país, mas também criou sérias dificuldades financeiras para a economia europeia em decorrência da perda do poder econômico da Alemanha, tanto como produtora quanto como consumidora de mercadorias. As consequências da Grande Depressão levaram a Alemanha a adotar a política do extremismo, e Hitler ganhou um apoio que em outras condições jamais conseguiria. Esse processo encorajou os Aliados a tentar manter o equilíbrio para lidar com a Alemanha derrotada em 1945.

No entanto, a União Soviética preferiu adotar uma linha mais agressiva. Stalin, como o premiê francês Clemenceau antes dele, queria se certificar que a Alemanha nunca mais se reerguesse (e nunca mais se tornasse uma ameaça em potencial) e estava determinado que a União Soviética tivesse influência na Alemanha pós-guerra — ou, pelo menos, na porção que era agora ocupada pelo Exército Vermelho. Dessa forma, Stalin pretendia garantir a segurança da União Soviética em ataques futuros.

Essa mesma consideração norteou o pensamento de Stalin em relação ao resto da Europa, levando à criação de governos pró-União Soviética na Polônia, Tchecoslováquia, Hungria, Bulgária e Romênia no período imediato ao fim da guerra, muitas vezes sem levar em conta os desejos da população local. A Iugoslávia conseguiu evitar se tornar um satélite soviético graças à determinação do seu líder comunista, Tito, que rompeu com Stalin e seguiu uma política de não-alinhamento neutra.

Territorialmente, a União Soviética retomou o controle dos Estados Bálticos e anexou terras da parte oriental da Polônia. Em troca, os poloneses receberam a área dos rios Oder e Neisse, além da parte sul da Prússia Oriental e o que antigamente era a cidade internacional de Danzig, agora Gdansk. Essas alterações ao mapa foram, a princípio, as mais notáveis, mas, a partir de 1949, o maior sinal do legado da guerra se tornou a divisão da Alemanha em dois Estados. Embora a intenção original fosse reunificar a Alemanha quando a reconstrução estivesse avançada o suficiente, ficou claro que os Aliados não conseguiriam chegar a um acordo

NOVA CARTA DE DIREITOS

Assim que a guerra acabou, representantes de 50 países se reuniram em São Francisco como parte da Conferência das Nações Unidas para a Organização Internacional. O objetivo da conferência era precisar os detalhes para a organização que se tornaria a Organização das Nações Unidas (ONU). O debate não foi calmo, pois Stalin argumentava que, se os domínios ingleses teriam direito cada um a um assento na Assembleia Geral da ONU, então cada parte que constituía a República da União Soviética deveria ter o mesmo tratamento. Por fim, foi acordado que a URSS teria direito a três assentos na Assembleia, com a Ucrânia e a Bielorrússia assumindo as duas posições adicionais. Também houve debates sobre os membros permanentes do Conselho de Segurança, pois, embora se concordasse que apenas as potências vitoriosas deveriam tomar parte, havia questionamentos sobre a inclusão da França. Além disso, a situação confusa da China, que tinha algumas partes do país governadas pelos comunistas de Mao, também gerou discussões.
No fim das contas, conseguiu-se chegar a um consenso. A Carta de Direitos das Nações Unidas foi assinada em 26 de junho de 1945 por representantes de 50 países; a Polônia, que não estava presente na conferência, assinou logo depois, a tempo de ser considerada um dos Estados membros originais. A ONU passou a existir oficialmente em 24 de outubro de 1945.

AS CONSEQUÊNCIAS 137

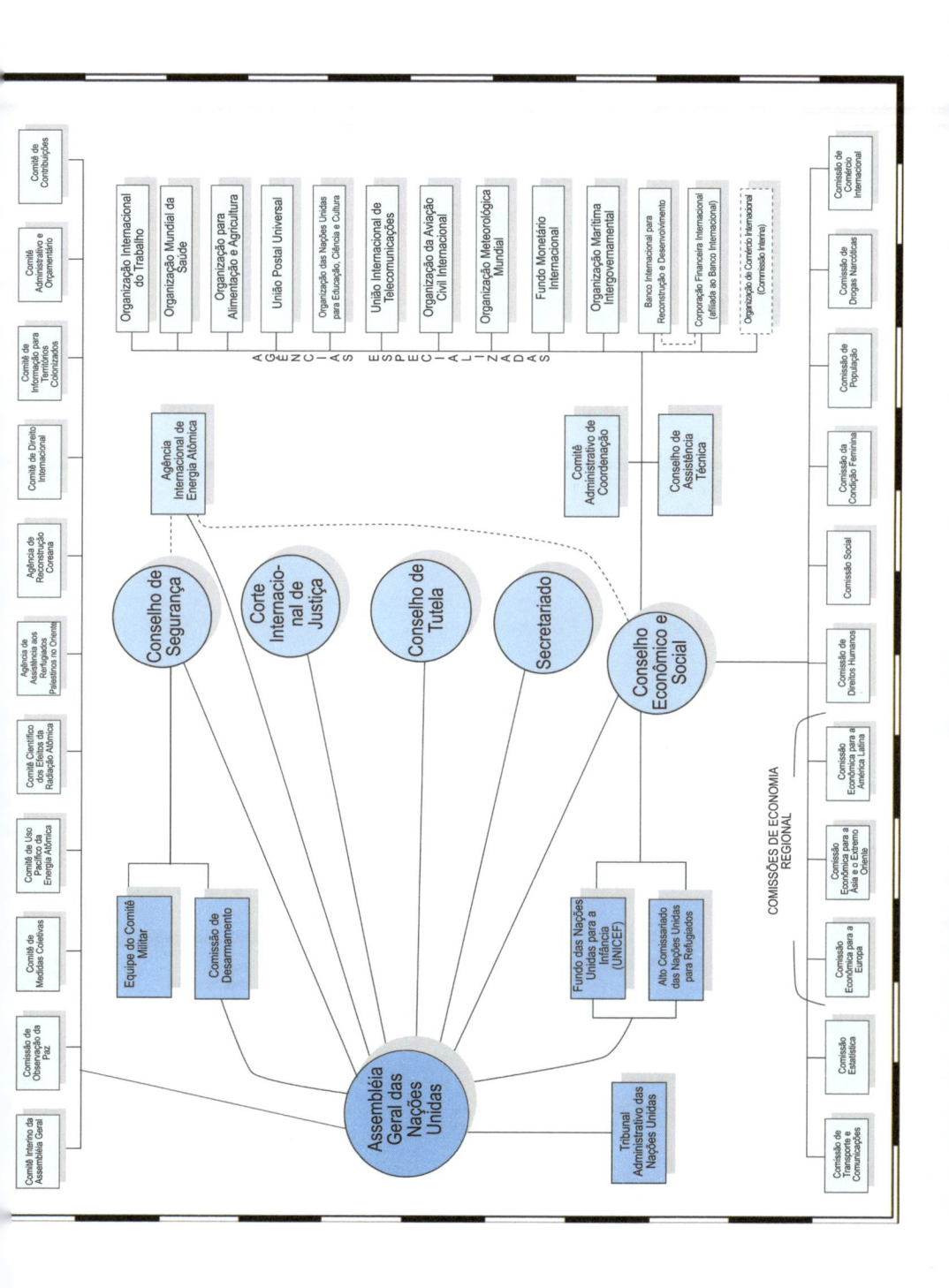

sobre o futuro do país. As posturas endureceram, e o bloqueio soviético a Berlim em 1948 demonstrou a ruptura entre as duas partes — era quase inevitável que a Alemanha permanecesse dividida pelo futuro próximo.

Em forte contraste, o Japão foi deixado virtualmente intocado, com seu imperador permanecendo no poder como figura simbólica, embora fosse necessária a reconstrução de muitas cidades graças aos bombardeiros B-29 dos EUA, sem falar em Enola Gay e Bockscar, os dois aviões que lançaram as bombas atômicas em Hiroshima e Nagasaki.

MORTES

O custo da II Guerra Mundial foi imenso, e o conflito foi o mais sangrento da história da humanidade. Ao contrário da I Guerra Mundial, sua sucessora foi de abrangência realmente global, com poucas partes do mundo não sendo afetadas pela

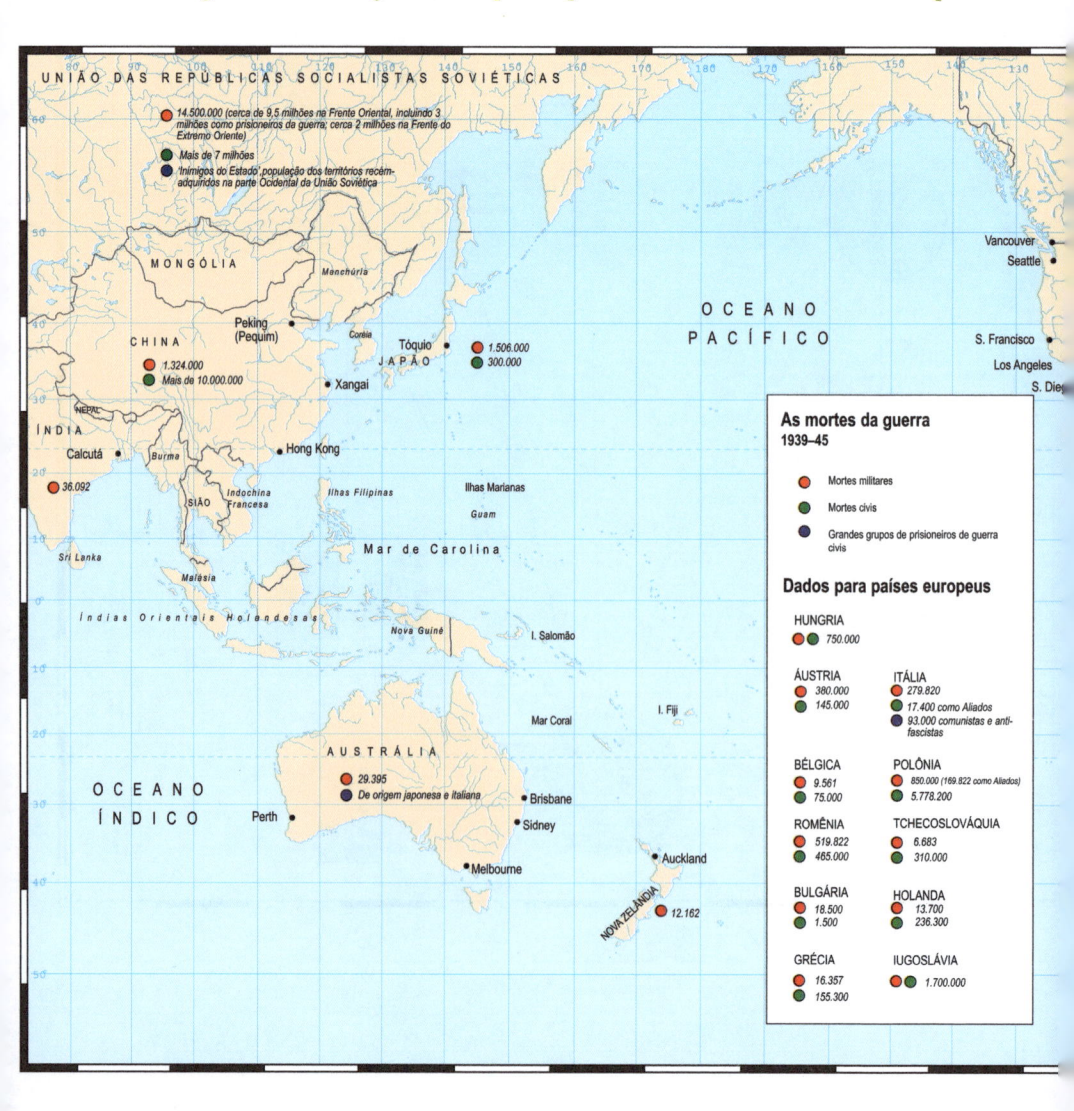

UNIÃO DAS REPÚBLICAS SOCIALISTAS SOVIÉTICAS
- 14.500.000 (cerca de 9,5 milhões na Frente Oriental, incluindo 3 milhões como prisioneiros de guerra; cerca 2 milhões na Frente do Extremo Oriente)
- Mais de 7 milhões
- 'Inimigos do Estado' população dos territórios recém-adquiridos na parte Ocidental da União Soviética

MONGÓLIA • Manchúria

CHINA • Peking (Pequim) • Coréia • Tóquio JAPÃO 1.506.000 / 300.000
1.324.000
Mais de 10.000.000
• Xangai

OCEANO PACÍFICO

Vancouver • Seattle • S. Francisco • Los Angeles • S. Die[go]

NEPAL
ÍNDIA • Calcutá • Burma • Hong Kong
36.092 • SIÃO • Indochina Francesa • Ilhas Filipinas • Ilhas Marianas
• Guam
Mar de Carolina
Sri Lanka • Malásia
Índias Orientais Holandesas • Nova Guiné • I. Salomão

AUSTRÁLIA • I. Fiji
Mar Coral
29.395
De origem japonesa e italiana • Brisbane
OCEANO ÍNDICO • Perth • Sidney
• Melbourne • Auckland
NOVA ZELÂNDIA 12.162

As mortes da guerra 1939–45
- Mortes militares
- Mortes civis
- Grandes grupos de prisioneiros de guerra civis

Dados para países europeus

HUNGRIA
750.000

ÁUSTRIA
380.000
145.000

ITÁLIA
279.820
17.400 como Aliados
93.000 comunistas e antifascistas

BÉLGICA
9.561
75.000

POLÔNIA
850.000 (169.822 como Aliados)
5.778.200

ROMÊNIA
519.822
465.000

TCHECOSLOVÁQUIA
6.683
310.000

BULGÁRIA
18.500
1.500

HOLANDA
13.700
236.300

GRÉCIA
16.357
155.300

IUGOSLÁVIA
1.700.000

MORTES GLOBAIS

Quantificar o exato número de mortos da II Guerra Mundial é uma tarefa quase impossível, e um dado absolutamente preciso jamais poderá ser calculado. É geralmente estimado que de 40 milhões a 50 milhões de pessoas morreram no curso da guerra, com uma grande parte dessas mortes vindo da URSS, que pode ter sofrido cerca de 50% do total.

O número de mortes de civis também foi bastante alto. Na Alemanha e no Japão em particular, o ataque aéreo foi responsável por infligir perdas severas entre a população civil, enquanto todos os outros países principais envolvidos no combate, com exceção dos EUA, sofreram ataques aéreos inimigos contra suas cidades.

Na Europa ocupada, judeus eram transportados para campos de concentração, onde muitos encontraram sua morte. Os combatentes da resistência também tiveram pesadas perdas. A represália alemã das atividades de guerrilheiros envolveu o massacre de comunidades inteiras em retaliação. Isso foi uma ocorrência regular na União Soviética e também aconteceu na Iugoslávia, na Tchecoslováquia e na França.

A Segunda Guerra Mundial foi única em extensão e na taxa de mortes sofridas. Demorou muitos anos para que a maioria das nações que participaram do combate voltasse a ter uma aparência de normalidade depois que a reconstrução começou em 1945.

batalha. A extensão do número de mortes foi aumentada pelo fato de que a guerra contou com pesado bombardeio de grandes centros populacionais, o que significou que civis estavam na linha de frente na maior parte da guerra. O número total de mortos é quase impossível de quantificar, e as estimativas têm sido alteradas com o tempo. É consenso que a União Soviética foi o país com mais mortos, com as melhores estimativas atuais variando de 20 milhões a 30 milhões. Desses, muitos eram civis, mortos na luta ou na brutal repressão das áreas dominadas na ocupação nazista, quando os ocupantes tratavam a população local como subumanos, alguns sendo fuzilados, outros, usados como escravos.

Soldados australianos visitam os túmulos de seus companheiros que morreram na luta por Burma. A escala global da guerra fez soldados serem enterrados a centenas de quilômetros de suas casas, em campos de batalha obscuros. O número exato de soldados mortos em combate é impossível de ser calculado, assim como a quantidade exata de milhões de civis que morreram como resultado das batalhas ou como vítimas do genocídio.

ALTAS TAXAS DE MORTALIDADE

A luta na Europa durante a II Guerra Mundial é geralmente tratada de uma perspectiva Ocidental como tendo sido bem menos desgastante que a I Guerra Mundial, mas essa é uma interpretação falha. A guerra na Frente Ocidental entre 1939 e 1945 foi limitada a dois períodos distintos de combate em terra. Entre a queda da França em 1940 e a invasão da Normandia quatro anos depois, a maior parte da luta na Europa foi conduzida no céu — os embates em terra ficaram restritos aos ataques de comandos e às atividades de resistência. A luta no Norte da África e na Itália não levou a batalhas de desgaste entre os dois lados e, por isso, quando a guerra acabou, era possível sugerir que a II Guerra Mundial tinha sido menos custosa. Na realidade, as taxas de mortes sofridas no norte da Europa Ocidental foram muitas vezes idênticas às da Frente Ocidental entre 1914 e 1918 e em algumas ocasiões até mais altas. No entanto, o período relativamente mais curto de combate entre os exércitos opostos já indicava que as perdas evidentemente seriam menores.

As batalhas de desgaste no cenário europeu foram lutadas na Frente Oriental. As perdas da União Soviética e da Alemanha alcançaram uma escala quase inconcebível conforme o conflito amargo entre os dois lados se arrastou durante quatro anos. Além disso, as mortes incluíam os prisioneiros, já que nem alemães e nem soviéticos tratavam seus presos muito bem — muitos prisioneiros jamais voltaram para casa por conta disso. É estimado que, de cinco milhões de prisioneiros soviéticos, quatro milhões morreram nas mãos dos alemães.

No cenário do Pacífico, as mortes foram particularmente altas entre os japoneses, pois a crença de que não havia nada mais desonroso do que se render era muito forte. Como demonstrado nas campanhas de 'pular ilhas' e em Burma, os japoneses geralmente preferiam lutar até a morte a se render diante da derrota certa. As perdas sofridas pela China na guerra são muitas vezes ignoradas, pois são quase impossíveis de quantificar precisamente. É estimado que cerca de 10 milhões de civis morreram, a maioria em campos de contenção japoneses.

142 SEGUNDA **GUERRA** MUNDUAL

Impressão e acabamento
Gráfica Ocenao